多维视角下语言服务人才培养的
创新实践研究

杨 蓓　杨 茜　著

全国百佳图书出版单位
吉林出版集团股份有限公司

图书在版编目(CIP)数据

多维视角下语言服务人才培养的创新实践研究 / 杨
蓓，杨茜著. -- 长春：吉林出版集团股份有限公司，
2024. 7. -- ISBN 978-7-5731-5389-0

Ⅰ. H059

中国国家版本馆 CIP 数据核字第 2024E1A969 号

多维视角下语言服务人才培养的创新实践研究
DUOWEI SHIJIAO XIA YUYAN FUWU RENCAI PEIYANG DE CHUANGXIN SHIJIAN YANJIU

著　　者：杨 蓓　杨 茜
责任编辑：沈丽娟
技术编辑：王会莲
封面设计：豫燕川
开　　本：787mm×1092mm　　1/16
字　　数：220 千字
印　　张：12
版　　次：2024 年 7 月第 1 版
印　　次：2024 年 7 月第 1 次印刷

出　　版：吉林出版集团股份有限公司
发　　行：吉林出版集团外语教育有限公司
地　　址：长春市福祉大路 5788 号龙腾国际大厦 B 座 7 层
电　　话：总编办：0431—81629929
印　　刷：吉林省创美堂印刷有限公司

ISBN 978-7-5731-5389-0　　　　　定价：72.00 元

前 言

　　语言是人类最重要的交际工具,那么什么是语言服务?"语言服务"这一术语在中国正式"登台亮相"是 2008 年我国承办奥运会前夕,北京奥组委在国际联络部下面设立了一个语言服务处,提供包括翻译在内的服务,以协助解决语言沟通的问题,旨在更好地承办奥运会。

　　语言服务本质上是为满足社会语言生活需求、解决各种语言问题而产生的。语言服务的最终目的是更好地实现语言交际效能。这一效能具体主要体现在工具性、规约性和主导性三个方面。由于语言服务包含的范围很广,具体语言服务项目的服务特征、服务形式及服务效果也不尽相同,其工具性的表现也存在一定差异。而规约性则表现在语言规则的制约,以及具体语言服务项目规范和标准的制约,分别涉及宏观层面、中观与微观层面。主导性是针对语言服务中服务提供方和服务接收方的地位而提出的。虽然语言服务过程中二者的地位都不可或缺,但相比较而言,服务提供方更具有一种主导意识,服务提供方对于语言行为的产生、发展具有一种控制力,拥有一种主导性。语言服务具有一定的经济效能,主要包括各种要素通过语言服务这个环节能够产生的经济效益,即语言服务的经济价值。

　　本书以语言服务的相关内容以及人才能力培养为中心,内容涉及语言服务资源、语言服务业态、语言服务业的价值与效用、语言服务市场与本地化服务、语言技术服务、语言培训服务、语言服务型翻译人才培养目标与培养模式、面向语言服务的翻译人才能力培养探索,旨在提高语言服务人才的能力,培养能满足语言服务行业需求的跨语言、跨文化、跨领域的具有较强语言服务能力的复合型人才,培养能适应国家经济、文化、社会建设需要,胜任不同专业领域,尤其胜任新时代工作所需要的高层次、应用型、专业化人才。

目 录

第一章

语言服务资源

第一节　基于文字的语言服务

一、文字规范和文字输入

(一)文字规范的服务空间

我国当代文字的语言服务发展形成有一个过程。基于《第一批异体字整理表》(1955)和《简化字总表》(1964),我国颁布了一系列与汉字相关的规范标准,如:《汉字统一部首表(草案)》(1983)、《现代汉语通用字表》(1988)、《现代汉语通用字笔顺规范》(1997)、《第一批异形词整理表》(2002)等。正如李宇明(2001)所说:"语言文字的规范化,首先有赖于一系列语言文字及其在方方面面运用的规范和标准。这些规范和标准的制定与推行,是信息化时代语言文字工作的中心任务。"所谓"规范和标准的制定与推行",实际上也是利用语言手段为社会提供的一种服务。这种服务对于国家现代化信息化的建设尤其重要,我们当下缺少对这方面加以规范引导的实施细则。虽然《中华人民共和国国家通用语言文字法》规定"因公共服务需要,招牌、广告、告示、标志牌等使用外国文字并同时使用中文的,应当使用规范汉字",但在具体使用细则上仍然有加以细化的需要。当然,我国一些相关地方性法规出台了一些实施细则,例如有"公共服务行业的名称牌、标志牌、指示牌、公文、印章、执照、票据、报表、说明书、电子屏幕、商品名称、宣传材料等应当使用规范汉字。确需使用外国文字的,应当在显著位置用规范汉字注释""不得单独使用外国语言文字,如因特殊需要使用外国语言文字的,应当采用以国家通用语言文字为主、外国语言文字为辅的形式"等,但整体情况看来,形势仍然不容乐观。

(二)常用汉字与通用汉字的选择与规范推广

常用汉字就是经常要用到的字,这类字的使用频度很高。1988 年 1 月 26 日,国家语言文字工作委员会和国家教育委员会联合发布《现代汉语常用字表》,共收常用字 3500 字,这些是中小学识字教学及对外汉字教学中的教学用字。《现代汉语常用字表》的研制与发布,对汉字的规范与发展、汉字的教学与国际推广、国家的信息化建设和教育科技发展,都产生了一定的影响。

通用汉字就是书写现代汉语要用到的字,是出版印刷、辞书编纂、信息处理等的用字。1988 年 3 月 25 日,国家语言文字工作委员会和中华人民共和国新闻出版署联合发布《现代汉语通用字表》,共收 7000 字,其中包括《现代汉语常用字表》的 3500 字。《现代汉语通用字表》是国家公布的规范字表,它全面体现了新中国成立以来汉字整理和简化的成果,规定了每个汉字的规范字形,包括笔画数、笔顺和组合结构。2013 年 6 月 5 日国务院公布的《通用规范汉字表》收字 8105 个,该表是在整合《第一批异体字整理表》(1955)、《简化字总表》(1986)、《现代汉语常用字表》(1988)、《现代汉语通用字表》(1988)的基础上制定的,根据现代用字状况对相关内容进行修补和完善,根据字的使用度进行定量、收字和分级。通用程度分为三级,一级字表收字 3500 个,二级字表收字 3000 个,主要满足现代汉语文本印刷出版、辞书编纂和信息处理等方面的一般用字需要。三级字表收字 1605 个,是姓氏人名、地名、科学技术术语和中小学语文教材文言文用字中未进入一、二级字表的较通用的字,主要满足信息化时代与大众生活密切相关的专门领域的用字需要。一个字是否能进入一、二级字表,决定于其使用频率的高低,而这个使用频率是通过 9 个信息庞大的"语料库"的数据进行的统计,其中最重要的两个语料库是收字量为 9100 万的"国家语委现代汉语平衡语料库"和收字量为 3.5 亿的"北京语言大学现代新闻媒体动态流通语料库"。《通用规范汉字表》是贯彻《中华人民共和国国家通用语言文字法》,适应新形势下社会各领域汉字应用需要的重要汉字规范。制定和实施《通用规范汉字表》,对提升国家通用语言文字的规范化、标准化、信息化水平,促进国家经济社会和文化教育事业发展具有重要意义。《通用规范汉字表》公布后,社会一般应用领域的汉字使用应以《通用规范汉字表》为准,原有相关字表停止使用①。

汉字的总量很多,但人们经常使用的汉字并不多,大约有三千多个。据统计,孙中山《三民主义》只用了 2134 字不同的汉字,《毛泽东选集》用 2981 字,老舍《骆驼祥子》用 2413 字,曹禺《雷雨》《日出》和《北京人》共用 2808 字,赵树理《三里湾》用 2069 字(苏培成 2001),也就是说现代文艺作品用的不同汉字一般在 2000 字至 3000 字之间。汉字用字的实际情况说明,汉字学习必须以掌握出现率高的常用字为主,它们是记录现代汉语最基础的字,也是在社会交往中最常用的字。人们在学习汉字时,可以有意识地将学习重点放在掌握常用字上,从而使汉字学习得到事半功倍的效果。

(三)汉字字符交换集的功用

《信息交换用汉字编码字符集·基本集》(GB2312—1980)是由中华人民共和国国家标准总局 1980 年发布,1981 年 5 月 1 日开始实施的一套国家标准,通行于中国大陆,新加坡等地也采用此编码。它是计算机可以识别的编码,适用于汉字处理、汉字通信等系统之间的信息交换。GB2312 标准共收录 6763 个汉字,其中一级汉字 3755 个,二级汉字 3008 个。一级字库的字,使用频率合计达 99.7%,即在现代汉语材料中的每一万个汉字中,这些字就会出现 9970 次以上。GB2312 标准还收录了包括拉丁字母、希腊字母、日文平假名及片假名字母、俄语西里尔字母在内的 682 个全角字符。GB2312 的出现,基本满足了汉字的计算机处理需要,它所收录的汉字已经覆盖中国大陆 99.75% 的使用频率。对于人名、古汉语等方面出现的罕用字,GB2312 不能处理,这就使得 GBK 及

---

① 国务院关于公布《通用规范汉字表》的通知,新华网,2013 年 8 月 19 日:http://news.xinhuanet.com/politics/2013—08/19/c_125202359.htm.

GB18030 汉字字符集出现了。

1995 年又颁布了《汉字编码扩展规范》(GBK)。GBK 与 GB2312—1980 国家标准所对应的内码标准兼容,同时在字汇一级支持 ISO/IEC10646—1 和 GB13000—1 的全部中、日、韩(CJK)汉字,共计 20902 字。信息交换用汉字编码字符集和汉字输入编码之间的关系是:根据不同的汉字输入方法,通过必要的设备向计算机输入汉字的编码,计算机接收之后,先转换成信息交换用汉字编码字符,这时计算机就可以识别并进行处理;汉字输出则是先把机内码转成汉字编码,再发送到输出设备。

BIG5 字符集是台湾繁体字集,共收录汉字 13053 个。CBK 字符集是简繁字集,包括 GB 字符集、BIG5 字符集和一些符号,共计 21003 个字符。GB18030 是国家制定的一个强制性大字符集标准,兼容 GBK 和 GB2312,兼容的含义是不仅字符兼容,而且相同字符的编码也相同。GB18030 收录了所有 Unicode3.1 中的字符,包括中国少数民族字符、GBK 不支持的韩文字符等,甚至可以说世界大多数民族的文字符号都被收录在内。

(四)汉字输入法的设计与推广

汉字输入法可以分为键盘输入法、光电扫描输入法、手写输入法和语音输入法。

1.键盘输入法

(1)音码输入法以拼音输入法、智能 ABC、中文之星拼音、微软拼音、拼音之星、紫光拼音、拼音加加、智能狂拼、谷歌拼音等为代表。

(2)形码输入法包括王码五笔、陈桥五笔、搜狗五笔、QQ 五笔、万能五笔、极点五笔等。

(3)音形码输入法有自然码和郑码等。

(4)序号输入法有区位码。

1980 年,我国颁布了 GB2312—80《信息交换用汉字编码字符集·基本集》,这是第一个汉字编码的国家标准,使每一个汉字有一个全国统一的代码,这个字符集是我国中文信息处理技术的发展基础,也是目前国内所有汉字系统的统一标准。

2.光电扫描输入法

光电扫描输入是利用计算机的外部设备——光电扫描仪,首先将印刷体的文本扫描成图像,再通过专用的光学字符识别(OCR,Optical Character Recognition)系统进行文字的识别,将汉字的图像转成文本形式,最后用"文件发送"或"导出"输出到其他文档编辑软件中。2006 年,汉王随身抄资料笔上市,它是以 OCR 技术为核心,集合了扫描、识别、翻译、发声、屏幕识别等功能的新一代智能资料笔,只要遇到需要的资料,随时随地都能摘抄下来并保存为 Word 文档,可随时查看,也可导入电脑,编辑修改,使用方便。汉王随身抄资料笔的扫描速度可达每秒 8 个汉字或 10 个字母,最大分辨率为 400dpi。

3.手写输入法

手写输入法是用专门的笔、手指或鼠标在特定的区域内书写文字,然后通过各种方法将笔走过的轨迹记录下来,然后识别为文字。最早的手写输入法是为学习五笔输入法或拼音输入法较困难的人群设计的,对于不喜欢使用键盘或者不习惯使用中文输入法的人来说是非常有用的,因为它不需要学习输入法。这种用于电脑的手写笔一般都由两部分组成,一部分是与电脑相连的写字板,另一部分是在写字板上写字的笔。手写笔还可以用于精确制图,例如可用于电路设计、CAD 设计、图形设计、自由绘画以及文本和数据的输入等。手写键盘也应运而生。

近年来,随着掌上终端包括智能手机、PDA(Personal Digital Assistant)的使用,触摸式手写输入也应用非常广泛。这种输入法是用专门的笔或手指直接在屏幕上书写。常用的鼠标手写输入软件有逍遥笔和 QQ 云手写,这种输入法只需要在电脑显示器上的特定区域,用鼠标写出所需的字即可。

4.语音输入法

语音输入法就是通过麦克风输入中文的方法,如 IBM Via Voice、讯飞语音输入法、谷歌语音输入法、QQ 云语音面板等。在 Via Voice 中,有一个术语叫作"听写文本",是用来进行语音输入的命令。它的工作原理是:当启动 Via Voice 语音中心时,屏幕上方就会出现"Via Voice 语音中心"这个菜单,旁边还有一个麦克风按钮。单击麦克风按钮,打开它并准备口述文档。在口述之前,需要确认您的用户名出现在语音中心上。然后,就可以开始文档的口述输入了。说"听写到 Word",然后开始口述文档,在口述的过程中,最好读出文档中的标点符号和格式命令,比如"句号""逗号""另起一段"等。

语音输入法除了适合于电脑初学者及年龄较大不熟悉拼音输入的老年人外,更深远的影响是利用语音识别及盲文识别系统,使视力障碍者能利用计算机进行学习和工作,使科技发展更好地服务于视障者。

二、字体与字形设计

(一)规范汉字的资源利用

经过过去数十年的努力,汉字规范的各项标准已经逐步建立起来,并且因应信息化时代的要求,继续不断完善。已有的文字规范标准已经覆盖了教育和文化普及的基本用字需要,出版印刷、辞书编纂和信息处理等的一般用字需要以及信息化时代与大众生活密切相关的专门领域的用字需要。规范汉字的资源可发挥充分的效用。

1.汉字识认教学

汉字属于表意文字体系,虽然不少字形经过历史演变和简化,丧失了象形表意特点,成为记号,但总体而言,大部分汉字尤其是合体字仍保留着较强的构形理据。充分利用汉字的组合特点及其音、义表现力,通过义旁联系、音符联系等手段,实现相对集中的汉字教学,能有效提高汉字认识的效率。就现行规范汉字而言,尤其应充分认识汉字简化的方法和规律,总结简化字的新的构形理据。相对独立的汉字教学在汉语教学尤其是对外汉语教学中已越来越受到重视,有关遵循汉字构形理据开展汉字教学的研究探索正不断深入。

2.汉字书写与书法

汉字是由笔画和部件构成的平面方块形符号,这决定了汉字书写的独特性,须依据相关的笔画、笔顺、字形等规范标准。正确、美观的汉字书写不仅有助于提高汉字识认的效率,也能提高书写者审美、思维能力,是美育教育的重要组成部分。能写一手工整、秀丽、富有个性的字,不仅悦己,也能悦人,给他人留下良好印象。有人专门从事代客设计签名,即见其一斑。汉字书写教育和培训在当下仍有很大的市场。

一般而言,文字书写属个人行为,但在某些领域,如教师板书、医生处方等,涉及接受者的识认,关乎信息传递准确与否,规范书写就显得十分必要。医生处方形似"天书",曾广受诟病。与普通话水平测试一样,汉字应用水平测试应该在相关领域推广。汉字书写偏误的调查分析及常见被错写字的统计等工作有必要推进,而且应把有关研究推向教学、应用层面,增强一般民众的正字意识和正字水平。

传统的书法研习和创作,以繁体字为主,其中有历史传承的原因,也有观念转变的问题。实际上,不少简化字,本身就是历史传承字,简体与繁体之间并无必然的鸿沟,应提倡书法家多创作以简化字书写的优秀书法作品,作为学习者的楷模。

3.汉字笔画排序

长期以来,国际上的名称排序,是根据英文名称的首字母按照26字母的先后次序排列的。在我国,音序和笔画顺序并存。汉字同音字多,同音字的排列先后最终仍然须依照笔画定序。北京奥运会上,开创了在国际大型活动上根据汉字笔画顺序确定国家或人员排名先后的先河,备受瞩目。笔画排序的应用,要求有相应的程序便于操作,更要求相应的程序严格遵循国家的规范标准。

4.外文、少数民族语言音译的汉字选择

外国专有名词和科技术语的翻译有国家审核程序,而大量的外国商业机构名称或商标名的汉语音译,则并无严格的标准。汉语同音字多,外文音译时如何选择语音相近又能达到较佳表意效果的汉字对译,迎合受

众的心理,对于商业宣传和品牌推广具有十分重要的意义。

少数民族人名的汉字转写,常会出现一个人名转写成不同的汉字名,或转写所用的汉字字义不雅等现象,有必要建立一定的规范。目前,新疆等地已经制定了相关规范,值得肯定。

5.汉字与中华文化的国际传播

汉字作为载体,记载了丰富多彩的中华文化信息,汉字的独特造型,也成为世人了解中国的重要窗口,规范使用汉字,对于中华文化的国际传播,意义重大。

(二)繁体字的资源利用

广义的繁体字是指除《通用规范汉字表》等国家规范字表中新造字和类推简化字之外的所有历史传承的汉字,自然也包括《通用规范汉字表》中的部分沿用古字的简化字,甚至可以包括甲骨文、金文等古文字字体。狭义的繁体字是指与简化字对应的繁体字。狭义繁体字在现行汉字规范中属于不规范字,只允许在一定范围内使用。繁体字系统本身也有繁体、简体、俗体等的区别,情况复杂。

浩如烟海的历史典籍都是用繁体字书写记录的,目前我国台湾、港澳和部分海外华人地区也仍使用繁体字,因此在推广使用简化字的同时,繁体字必然仍在一定范围内使用。从语言服务的角度看,繁体字也是一个很重要的语言资源,应该加以合理应用。

1.繁体字的整理和规范

如前所述,繁体字系统是一个庞杂的系统。单就隶楷阶段而言,同一个字可能存在不同的异体,例如对应简化字"为",通常有"為""爲"二体,对应规范字"春",存在"萅""旾"等异体。这些异体的情况十分复杂,如"为"是"為"的草书楷化,但《简化字总表》则只规定"为"是"爲"的简化字,对"為"未有说明。在繁体字的出版物当中,有时候用"爲",有时候用"為",有时候则两体同时使用。又如"春"是隶变之后的标准字体,"萅""旾"则是古文字的隶古定,在清代的古籍或书法作品中较多出现,《第一批异体字整理表》把"旾"作为"春"的异体废除,对"萅"未作说明。

相关人士都已逐步意识到这方面可能存在的应用价值,并有所推动,在一定程度上对繁体字的常用字、通用字的一字多体情况进行了整理,对各种异体的来源和适用范围加以标注等。从长远发展来看,相关部门应根据不同情况制定强制或建议性的繁体字通用字表,规定一般繁体字出版物的选用字形,以便民众合理使用。

《国家通用语言文字法》规定,文物古迹、姓氏中的异体字,书法、篆刻等艺术作品,题词和招牌的手写字,出版、教学、研究中需要使用的,经国务院有关部门批准的特殊情况等,可以保留或使用繁体字、异体字。对于已有的历史文字材料,保留原貌无可厚非,但对于新造的材料,例如新题词、新写招牌等,应当尽量避免使用繁体字。除了特定出版、教学、研究需要,应当尽量避免使用繁体字和异体字,更加不能繁简夹杂。因此,制定繁体字使用规范细则,十分必要。最终应达到的目标是:法律规定不应使用的场合不使用繁体字,法律规定可以使用的场合正确使用繁体字。

2.繁体字与简化字的转换设计

经过数十年简化字推行,目前除了特定人群,一般人对繁体字的认识和了解十分有限,既然繁体字仍有存在和使用的空间,就有必要为不熟悉繁体字的人群提供便利的繁简转换程序。这里繁简转换所指的"简",是指简化字,所谓的"繁",是指与简化字对应的繁体字或异体字。换言之,这里的繁简转换,特指《通用规范汉字表》等规范字表所明确列出的简化字与被简化字之间,选用字和被废止的繁体、异体之间的转换。过往微软Word文档已经带有"中文简繁转换"程序,转换十分快捷,但这一程序仅设置简单的繁体、简体转换,未能顾及简化字与繁体字、异体字一对多的情况。比如,简化字"丑",对应的是繁体字丑陋的"醜"和干支中的"丑",但在简转繁过程中,"丑"一般只转成"醜",只有在"子丑寅卯"四字连写同时转换时,"丑"才可能保留"丑"的字形。当然,也有繁体字错误转换的,例如台湾地区一些针对大陆游客的宣传单把"食"字错误简化为"个",致误原因无疑是不了解类推简化的限度。

2014年,由教育部、国家语委启动的《汉字简繁文本智能转换系统》

正式发布。该系统能够进行"面向台湾"和"面向古籍"两种字体简繁转换,克服了同类软件在"一简对多繁"转换情况下的不足。同时,系统可进行字、词、专业术语、标点符号等多种转换,也可对网站全部页面进行转换,满足用户不同使用需求。经中国中文信息学会评测,该转换系统简体到繁体的转换准确率达到 99.99%[①]。

繁简转换程序不断优化,相关用字标准逐步互通,是必然的趋势。

3.繁体字与古文字的查阅平台

因为繁体字不为一般人所熟悉,所以建立相关的查阅平台,帮助人们了解和正确使用非常有必要。在这一信息平台上,关于汉字研究的权威性成果应该整合发布,动态更新,成为普通人可以共享的信息,将学术研究与应用普及连成一线。

汉典网(http://www.zdic.net)有字典功能,一般的汉字都能查找到相应的解释,并且罗列对应的古文字字形,但古文字字形最多只提供甲骨文、金文、小篆、楷书(简化字)四体,代表性字形不全,字形又往往不尽准确,且不注字形出处。目前包括《汉语大字典》在内的大部分汉字工具书,对字形处理都只停留在按历史先后简单排列的层面上,对汉字字形的历史流变以及形义分合缺乏梳理。比较理想的状态应该是源流释例,这种编排方式让人一目了然,若继而配以必要的文字说明,尤其是往往被忽视的繁体字简化的方式和理据的说明,则会更加完备。(曾宪通、林志强2011)李学勤(2013)主编的《字源》选取 6000 余个常用和较常用汉字进行历史的渊源变化考察,有助于促进我们对汉字流变的认识。我们除了需要类似的专书,更期待以此为基础的动态网络资源的推出,以促进汉字的传播和传统文化的弘扬。

(三)汉字字体的设计开发

过去的字体设计开发,主要着眼于印刷出版的需要,以实用为主。随着社会经济的发展,字体开发更追求美观、个性化,以满足不同层面的使

---

① 施雨岑、黄鹏飞.《汉字简繁文本智能转换系统》在京发布.中央政府门户网站,2014 年 11 月 18 日:http://www.gov.cn/xinwen/2014-11/18/content_2780453.htm

用需要。陈慧(2010)指出,目前日本有近3000款汉字字库,而我国内地目前只有400多款,明显不足,且存在字体质量差、技术落后等问题。除了从工艺美术角度出发设计更多的汉字造型字体系统之外,还可以有以下的个性化字体开发:

1. 书法字体系统开发

现有的汉字字体中,已经涉及这一方面的内容,如魏体(参照魏晋碑刻文字)、瘦金体(参照宋徽宗书体)、启功体(参照现代书法家启功的书体)、舒同体(参照现代书法家舒同的书体)等。中国的书法文化源远流长,历代的优秀书法作品甚多,这一方面大有可为。

2. 古版图书字体系统开发

我国现存大量的古代典籍,其中多有印刷精良者,文字风格清雅秀丽、古朴淳美。在这些古籍文本的基础上对字形进行修复、修饰甚至创新,既传承文化,又开辟新天地,能够充分突显汉字之美。目前已经出现了《康熙字典》体、浙江民间书刻体等字体系统,但要成气候,尚需时日。(颜亮、曾晶 2012)

3. 古文字字体系统的开发

出于对传统文化的向往,越来越多的人对古文字发生兴趣,无论是学习、书法还是用作装饰,都有便捷使用古文字字体的需求。目前较为流行的古文字字体,有北师大的说文小篆系统、台湾"中研院"的甲骨文和金文系统等,但这些还不足以展现丰富、精彩的古文字资料。小篆字形风格统一,系统开发难度不大;其他古文字材料,都是一个庞杂的文字集合,比如金文,历史和地域跨度大,字体风格不一。目前所见的文字系统,只是把对应后世汉字的字形列出来,并没有整合协调字形风格,也未顾及不同历史阶段的字词关系、用字习惯的差异。作为一种实用的字体,有赖于书法家、文字学家联合技术人员共同设计符合相应古文字构形特点而又风格划一的标准字形。"中华大字符集"一期工程已经整理了《说文》小篆字符,搭建了甲骨文选字平台、《说文》小篆自动分析系统等。(陈敏等 2009)

(四)汉字内部构件的资源利用

1. 新字形的创制

《汉语大字典》收录 5.6 万多字,《中华字海》收录 8 万余字,仍远非汉字的全部,2011 年 7 月全面启动的"中华字库"工程有望把迄今所见的所有汉字纳入其中,便于信息化处理,值得期待。

目前一般计算机的输入法,汉字字符数只有 2 万余字,方正超大字符集收录 6 万余字,虽然已经足以应付一般的使用需要,但随着文献资料的不断发现和整理,更多的字形会不断出现,任何一个大型字库不可能一劳永逸解决所有问题,便捷的造字方法十分有必要。

1998 年发布的《信息处理用 GB13000.1 字符集汉字部件规范》总结 20902 个汉字形体,归纳出 393 组共 560 个部件。有必要以这些主要部件为基础设计相应的程序,便于灵活搭配新造字形,使之能够在一般程序上显示或以图片形式显现。

2. 各种字体字符集的拓展

无论是一般系统收录的 2 万余字,还是方正超大字符集收录的 6 万余字,都是以宋体字为基础字体的。其他的常用字体如魏体、仿宋,字符数量有限,不能实现字体的便捷转换。国家语委制定有《印刷魏体字形规范》《印刷隶体字形规范》等规范,相关的研发除了创新字体之外,还应着力拓展各种字体的字符集的容量,参照《信息处理用 GB13000.1 字符集汉字部件规范》,归纳每种新字体的部件规范,以便于通过部件组合,不断生成新字。

3. 汉字部件的合理利用

广东民间将"招财进宝"四字的繁体字通过偏旁借用的方式进行拼合。陕西人将其传统面食称为"biangbiang 面",所谓的"biang"本无其字,民间沿用的形体实际上是遵循偏旁组合的规则自创的"文字",可谓妙趣横生。更为人所熟知的,是人们把两个"喜"字拼合成"囍",表示双重喜庆,其中的创意值得借鉴。

汉字部件既能拼合,也可分拆,若使用得当,能醒人耳目。国际爱护动物基金会一则公益广告将象、虎、熊、人四字的部分笔画去掉,构成若"象无牙,虎无骨,熊无胆"则人而不仁的创意,宣传野生动物保护。这些皆是利用汉字部件的创意之作。

可见,很多汉字部件源自象形符号,在设计构图上有很大的可利用空间。

三、汉字字频与汉字字量

(一)各种频次汉字的开发

1.字频

字频就是一个字的使用频率,也就是使用次数。在一定数量的文字范围里,哪个字被重复使用的次数最多,那个字的字频就最高。字频统计首先选择了不同年代、不同学科的大量文字资料作为字源,然后,用计算机逐个进行使用次数的统计。

一个字的使用次数与统计材料全部字出现的总次数之比,叫作"频度"。字的频度一般用百分比表示,可以比较直接地看出一个汉字的覆盖面。例如:使用频率最高的"的"字,它的频度是 0.39,一看就知道在 100个字中,就有 3.9 个字是"的"字。频率与频度表达的方式不同,但是实质是一致的,所以,常常将字的频度通称为字频。

2.字频统计与识字教学的关系

字频统计的意义是多方面的。研制计算机信息处理软件,要把汉字的使用频率的分析作为依据。编写供不同对象使用的字典选多少字、哪些字,有了字频统计就变得非常容易。

字频统计对识字教学更有独特的、重要的意义。多年来识字教学存在的许多问题长期得不到彻底解决,其中最重要的是学习多少字、学习哪些字和按照什么顺序学习这些字,这样一些最根本性的问题一直没有得到科学、合理地解决,从而造成了识字教学的高耗低效。可以说,有了字频统计我们就掌握了解决这些问题的法宝。

根据字频的频度统计和累频计算结果,我们有理由把认识字频最高的 2500 个字作为小学的识字教学内容。这样既搞清楚了小学的数字总量,也明确了应当学习的是哪些字,一并解决了字种和字量两个问题。根据字频统计结果,我们完全可以把认识覆盖 95% 以上篇幅的字频最高的 2500 个字作为小学识字教学阶段的识字对象和识字量。只有这样,才能真正、彻底地解决识字制约阅读和写作教学,拖语文学习后腿的问题。只有学生真正认识了字频最高的 2500 个字,为阅读和写作储备基本够用的字词和初步的语文能力,才能为"及早阅读""大量阅读"这个提高语文能力的关键措施提供"物质"保证。识字教学的效益也会得到彰显。

识字教学要提高效益,除了应当明确字种和字量外,还必须科学安排学习顺序。字频统计是字种、字量和字序的科学统一。不按字频高低的顺序进行学习,字种必然混乱,字量必然增加,识字教学就永远也摆脱不了"无序"带来的混乱和低效。所以,按字频高低进行识字教学是保证识字教学质量和效益唯一的选择。只有先学高频字后学低频字,才能做到读识同步,音形义兼顾,语文能力全面协调发展。

(二)汉字字库的建设与利用

汉字输入计算机后,计算机用两字节表示这个汉字的内部码,而不是直接存贮这个汉字的字形,因此,当计算机要输出汉字时,就需要将内部码恢复为它所代表的汉字字形,这就要用到字库。

字库的分类有以下几类:按字符集,分为中文字库(一般是中西混合)、外文字库(纯西文)、图形符号库;按语言,分为简体字库、繁体字库、GBK 字库;按编码,分为 GB2312、GBK、GB18030 等;按品牌,分为微软字库、方正字库、汉仪字库、文鼎字库、汉鼎字库、长城字库、金梅字库等;按风格,分为宋体、仿宋体、楷体、黑体、隶书、魏碑、幼儿体、哥特体等;按名人字体,分为舒体(舒同)、姚体(姚竹天)、启体(启功)、康体(康有为)、兰亭(王羲之)、祥隶(王祥之)、静蕾体(徐静蕾)等。

目前国内从事汉字字库开发的厂商主要有北大方正、汉仪、华文、四通、中易等。其中北大方正是中国最早从事中文字库开发的专业厂商,也是最大的中文字库产品供应商,现拥有各种中、西文以及多民族文种字库数百款,这些年它还在不停地开发新的字体,开发了 GB18030 超大字库。另外,汉仪也推出其精美的字体字库。各个厂商的 GB18030 编码超大字库也都相继推出。总的来说字库市场还是非常繁荣的。

1. 方正字库

北大方正是中国最早从事中文字库开发的专业厂商,也是最大的中文字库产品供应商,现拥有各种中、西文以及多民族文种字库数百款。支持 GB、GBK、GB18030、BIG5 以及 JIS、KSC 等编码体系,可以提供 True-Type,PostScriptTypel、Type0、CID 等各种通用格式字库。国内有近90%的报社、出版社、印刷厂使用方正字库排印大量的报纸、书籍、杂志、教材、文件、包装等;在海外使用中文的报刊中,这个比例也已经达到80%。由于国内主要视频设备厂商选用方正字库,使 CCTV、BTV、凤凰卫视等各大电视机构每天都向千家万户传送使用方正字库制作的新闻、体育和文艺节目。可见,方正字库已成为市场上使用最多的中文字库产品。

方正宋体超大字符集,是迄今为止国内单款字体包含汉字字符数目最多的字体,它目前包含《汉语大字典》的全部 5.6 万余字,扩展后将至 7 万余字,较好地解决了目前面临的大部分遇到的生僻汉字问题。但是目前仅有一种字体的现状,还不能满足人们日常使用中对美观、多样的需要。所以,继方正宋体超大字符集后又即将推出方正楷体超大字符集。楷体字朴实端正,笔法舒展有力,流畅自然,结构匀称,适用于书、报、刊和各级教材的中小标题及正文。

在上述基础上还可以进行个性化的字体开发以提供相应的语言文字服务。2007 年 4 月 27 日,方正电子携手徐静蕾发布了其个人书法计算机字库产品,命名为"方正静蕾简体",这是我国第一款真正意义上的个人书法计算机字库产品,它标志着"计算机字库"将进入个性化时代。"方正静蕾简体"按照 GB2312 国家标准,6763 个汉字,682 个标点符号,94 个包括英文字母和数字在内的 ASCI 字符,书写在有 100 多个 1.2 厘米见方格子的 A4 纸上。字体骨骼清秀、遒劲有力,清冽而又优雅、从容,适用于信函、报告、文章等的书写。

2.国安字库

1999 年,北京国安资讯设备公司开发的汉字字库,收入了有出处的汉字 91251 个。除包括国家和国际标准的全部字符集汉字外,还涵盖了《说文解字》全部楷定字及《康熙字典》《汉语大字典》《中华字海》的全部收字,并覆盖 20 世纪 80 年代台湾相关部门整理的全部汉字。同时,还专门收集了上述字集、字典所不能包括的古今姓氏、地名用字。该字库不仅可供海峡两岸和香港、澳门及国外进行汉字文本印刷、古籍整理、辞书编写、汉字整理和研究使用,而且还为人名名录及证件制作、中国地图地名标注提供了水平很高的字库工具。

3.古汉字字库

美国人理查德·西尔斯(Richard Sears)花费 20 年创建了网站 Chinese Etymology(汉语词源 http://www. chine. see. tymology. org/)。在该网站上,输入一个字搜索,不仅能查到这个字的繁体、甲骨文、金文、小篆等字形,还提供中国普通话、上海话、广东话、闽南话及日语、韩语的发音。

4.中华字库

近年来,复旦大学、清华大学、中国科学院、中国社会科学院等高校和研究院所,联合北大方正、汉王科技等技术研发领先的企业,共同开发"中华字库",预计可编码字符数在 50 万左右,包括汉字古文字约 10 万、楷书汉字约 30 万、各少数民族文字约 10 万。"中华字库"本是对传统文化典籍进行数字化的存储和传播,为传世文献的数字出版服务,但也可以解决人名、地名中的生僻字等现实应用问题。该字库为开放性的,建成后如果在新发现的文字资料里出现了新的字或字形,在相关的研究领域中出现了能够补充纠正以往研究的新成果,它就会及时加以吸收,使字库得以不断改进、不断完善。

四、汉字其他的一些特殊服务功能

(一)文字游戏

依附汉字字形衍生的文字游戏已成为民俗文化的重要组成部分。无论是拆字、字谜还是联边,均充分利用汉字形与义的相关性,进行出乎意料又合乎情理的设计,妙趣横生,既能娱乐大众,又有教育意义。

1. 拆字

汉字是由笔画和部件组合构成,组合的部件自然可以拆解,如人们在介绍姓氏时为了避免音同音近误解,会有"弓长张""立早章""古月胡""口天吴"之说。宋代词人吴文英《唐多令》:"何处合成愁? 离人心上秋。""愁"是从心、秋声的形声字,但所谓"自古逢秋悲寂寥","秋"与"愁"很可能有同源关系。以"离人心上秋"解释"愁",于形于义皆甚相合。鲁迅的杂文集名"且介亭",所谓"且介"是取"租""界"二字字形之半以表"半租界"之义。字形分合也巧妙运用于对联中,如有对联"一明分日月,五岳各丘山",颇得拆字之趣。

当拆解成为一种游戏,就未必再遵循原来的构字理据。如"米寿"(88岁生辰)是将"米"字拆分为八、十、八,"茶寿"(108 岁生辰)是将"茶"字拆分为十、十(旧体字形艹旁左右分写),八(人旁拆解)、十、八,88 加双十刚好为 108。又如俗称生日为"牛一",即把"生"字上下分解为牛、一两部分。

2. 字谜

暗射事物或文字等供人猜测的隐语,可分为字谜和非字谜,其中字谜即与汉字的形音义直接相关。如谜语"霍霍之声",谜底为"韶"。《木兰诗》有"磨刀霍霍向猪羊","霍霍"是磨刀口时发出的声音,而"韶"可拆解为刀、口、音三部分。又如谜语"上不在上,下不在下,不可在上,止宜在下",谜底为"一",此谜利用人的错觉,这里的上、下、不、可、止、宜均只用作字形解,上、止、宜之"一"均在下,下、不、可之"一"均在上。

旧时隐语也常以字形立说。如买卖人中对数字的代称有:旦底(一)、空工(二)、横川(三)、侧目(四)、缺丑(五)、断大(六)、虎底(七)、分头(八)、未丸(九)、田心(十)。

3. 联边

联边就是特意选用若干个偏旁相同的字串联成语造成气势的一种修

辞格。如旧时海神庙对联:"浩海汪洋波涛涌、溪河注满,雷霆霹雳篱雲雾、霖雨零霏。"上联选用11个氵(水)旁的字,下联选用11个雨旁的字,突出了"水"和"雨",以此表现海神,颇具气势。

4．神智体

神智体是一种近乎谜语的诗体,传为苏东坡首作,充分利用了汉字的形体来写诗,所谓"以意境作画写字"。

(二)字符寄托

1．对联

对联来源于对偶,连用一对长度相等、结构相同、语义相关的语句,使表达均匀对称。汉字是方块字,每个音节写在纸上占有的空间也相同,对偶充分利用汉字的这一特色,使之成为汉语修辞所特有的一种修辞手段。对联是对偶中的一种特殊格式,是写在纸上、布上或刻在竹子上、木头上、柱子上的对偶语句。春联、婚联、挽联、店联、楹联,就是一部大书,各有千秋佳作。古今对联也多有充分利用汉字字形特点的佳作。如:

(1)拆合字对联

二人土上坐,一月日边明。(将"坐"拆分为"土"和"二人","明"拆分为"日""月")冻雨洒窗,东二点,西三点;切瓜分客,横七刀,竖八刀。(上联巧在"冻"是由"东"和"二点"构成,"洒"是由"西"和"三点"组成,下联"七""刀",左右横合正是"切","八""刀"上下竖合正是"分")

(2)叠字与偏旁对联

水水山山处处明明秀秀,晴晴雨雨时时好好奇奇。

烟锁池塘柳,炮镇海城楼。(上下联皆是用金、木、水、火、土五行做偏旁的字组成)

(3)同音假借和语音两读对联

海水朝朝朝朝朝朝朝落,浮云长长长长长长长消。(一般认为当读作:海水潮,朝朝潮,朝潮朝落;浮云涨,常常涨,常涨常消)

2．吉祥字符

吉祥字符中最有名的莫过于"与"(己),严格意义上说并非汉字。

"与"是佛教相传的吉祥标志,梵文音"室利鞑蹉"(srivat－sa),因佛经翻译而传入中国。据传武则天时,定其读音为"万",义为"吉祥万德之所集"。伴随着佛教的盛行,"与"亦成为中国传统的吉祥符号。

民间的其他吉祥字符主要有"福""寿""囍"三字,"露"已见前述,"福""寿"二字的衍生符号千姿百态,更有所谓的百福图、百寿图,成为喜庆场合必备之图案。既然吉祥字符为大众所喜闻乐见,以吉祥字符为元素所带来的建筑、装饰、服饰、绘画、书法等设计创意可谓琳琅满目。

3.汉字表情

互联网的兴起和网络传播的发达,虚拟空间中文字和符号的自由运用,也衍生出新的字符寄托。这些字符寄托多与字义无关,仅取其形,故称为汉字表情,其中不乏精彩之作。

囧:本义为窗户明亮,因为字形酷似撇八字眉和噘起嘴角的表情,被赋予惊讶、无奈、沮丧、悲凉或凄惨的意义,成为流行单字,更有各种据此延伸的系列表情符;随之也带动商业开发,频见用于网站、商品、出版物等做标识。

(三)装饰艺术

汉字起源于原始记事图画,记事图画向艺术方向发展即成绘画,向实用方向发展则形成了汉字。汉字与装饰艺术历来关系密切。

1.汉字与书法篆刻

中国传统书画同源,汉字很早就具有了艺术表现的特质,不少商周青铜器上的铭文就有意在形体上着力,以体现其形体之美,与铜器的花纹并为礼器的特征。春秋晚期以降,东南沿海的吴越徐舒等国的金文更有美术化的倾向,其极端便是著名的"鸟虫书"。迄今所见最早的墨迹可追溯到商代陶文上的墨字,战国时代大量的竹简更是毛笔书写的瑰宝,从竹简到缣帛再到后来的纸张,或以此为基础镌刻的碑石、玺印等等,美不胜收。魏晋以降,书法篆刻成为一种独立的艺术门类,绵延至今,影响甚广,为国民语言生活提供了丰富的要素资源。

书法按照文字特点及其含义,以其书体笔法、结构和章法写字,使之成为富有美感的艺术作品。汉字书法为汉族独创的表现艺术,被誉为无言的诗、无行的舞、无图的画、无声的乐。书法修习和欣赏已经成为文化传承和素质教育的重要组成部分。

2.汉字与图标徽识

汉字方块平面的特点和形体表意性,可用于设计各种徽识标志,既简洁明了,又形象突出,效果明显。以下略举数例。

(1)北京奥运会徽及运动项目图标

北京奥运会会徽借鉴传统玺印特点,将"京"字字形写意化,形如灵动跳跃的人形,突出奥林匹克运动的特点。各体育项目的标志吸收小篆粗细划一的曲线特点,使其富有特色。两者使得中国文字元素与现代运动相结合,相得益彰。

(2)其他徽识标志

北京大学校徽:采用篆书"北""大"二字,利用构型的左右对称特点,庄重而具感染力。

广东电视台台标:简化字"广"字的艺术化,三个笔画分别为红、绿、蓝三色,代表三原色。

上海世博会会徽:将"世"字化为你、我和他/她手拉着手,象征着人类大家庭。

广东省博物馆馆徽:将"广东"二字隐于"藏"字当中,突出博物馆收藏功能,而字形笔画特点亦与广东省博物馆的外形相匹配。

广州大学校徽将 GU 校名英文缩写糅合进"羊"字之中,以广州的别称"羊城"标示学校的所在。这些利用汉字特点设计的徽识都堪称佳作。

当然,不少汉字形体相近但意义差别甚大,在利用汉字字形做相关设计时,一定要注意形体的区别度,以免造成认知错觉,适得其反。

3.汉字与装饰设计

装饰、服饰等的设计常常融入民族文化元素。以时装设计为例,其借鉴中国国画、中国结、京剧面谱、青花瓷等"中国风"的现象已很常见,而古文字图案、书法作品、民间吉祥字符等也正成为设计者关注的焦点。

汉字起源于象形表意符号,古汉字的图像表现力可为设计者借鉴,如中国邮政的标志即利用"中"字古文字字形进行创意;而利用现代汉字字形进行的汉字创意设计也方兴未艾,如借笔融合的"汉字创意"、以字形拼图形的创意等。

利用汉字字形进行的平面设计,不仅借汉字之形,更能融汉字之义,更胜于一般的图画图标,使得相关设计更有内涵。

第二节　基于语音的语言服务

基于语音的语言服务主要是指以语音作为主要形式的服务,主要包括语音规范标准的选择论证,各种正音字表与词表的研制,普通话教育中的正音教育,各类企业客服人员的语音(嗓音)的培训与设计,公众人物及各类有需要人士的语音面貌的分析与规划设计等。(屈哨兵 2012)

一、语音规范标准的选择与制定

(一)语音规范

语音是人类发音器官发出来的有意义的声音,具有物理属性、生理属性和社会属性。语音作为人们表达思想、进行社会交际的物质基础,应具备规范性,以便正确地表情达意,使说出来的话能够被其他人正确地理解。语音规范化就是指根据语音发展的规律来确立和推广普通话的语音标准,使其他方言地区的人在学习普通话时有可以遵循的标准。

(二)语音规范标准的选择

1.语音规范标准的选择

中华人民共和国成立之后,国务院发布了《关于推广普通话的指示》,正式确定普通话为"以北京语音为标准音、以北方话为基础方言、以典范的现代白话文著作为语法规范",语音规范的标准确定并沿用至今。以北京语音为标准音,是就北京音系而言,不等于每一个字都以北京话的读法为标准。例如轻声和儿化是北京话中比较突出的语音现象,在表达上有一定的作用,普通话语音系统里应该有它们的地位。但这并不是说北京话里所有的轻声词和儿化词普通话都应该吸收,我们应该根据一定原则对北京话里的轻声词和儿化词进行筛选。异读词同样存在这个问题,它的规范以1985年公布的《普通话异读词审音表》为标准。

2.语音规范标准的服务指向

语音规范化是社会发展的需要。以普通话和方言来讲,二者在语音、词汇和语法等方面均有差异,但最突出的差异就体现在语音方面。方言地区的人学习普通话,正音是第一位的,这就体现出了语音规范的重要性,推广标准音也就成为推广普通话最重要的环节。讲标准的普通话,需要掌握每个音节正确的声韵调发音,不能念错字音,以便达到口齿清晰、字正腔圆的效果,降低听者的理解负担。此外,在信息时代,诸如语音信息检索、计算机语音输入、电话语音拨号和语音应答等技术中,语音的规范化也都起着至关重要的作用。

(三)语音规范标准的内容及服务

1.语音规范标准的内容

语音规范标准,即根据语音发展的规律来确立并推广标准音。主要包含两方面的内容:第一,确立正音标准;第二,推广标准音。

(1)确立正音标准

早在1955年,我们已经明确汉民族共同语是以北京语音为标准音的。然而在北京语音内部,还存在着一些分歧的现象,这种分歧现象对学习和推广普通话会有一定的影响。

黄伯荣、廖序东(2007)指出,北京语音的内部分歧有两种:第一种是北京口语的土音成分。例如:把"不言语"(不说话)读作"bùyuányi"。像这一类的土音,是不能进入普通话的。

北京话里儿化、轻声现象特别多,如果将这类现象都算作普通话成分,要全国人学习是有困难的,也没有必要。一般说来,能区别词义和词性的可承认是普通话成分。吸收这些儿化及带轻声的词,可使普通话更加丰富多彩。至于不起上述作用的和在习惯上儿化不儿化两可的则可以不吸收。例如北京话的"地点儿、伙伴儿",普通话应读作"地点、伙伴"。"职业、牢骚"中的第二个音节也不必读作轻声。

第二种是北京话里的异读词,即习惯上有几种不同读音的词。由于文白异音、方音影响、讹读影响和背离规律等原因,北京话里产生了一字多音的现象。例如"暂时"中的"暂"除了规范读音 zàn 外,还有人将它读作 zhàn 或 zǎn。

我国一直十分重视语音规范化的工作,在 1985 年就公布了《普通话异读词审音表》。普通话异读词的读音、标音都应以审音表的规定为准。

(2)推广标准音

语音规范化除了要确立正音标准之外,还应对标准音加以推广,这就要求我们发音应符合普通话的语音规范;要求方言区的人在学习普通话时,应尽量符合正音标准。《中华人民共和国国家通用语言文字法》第十条规定明确指出:"学校及其他教育机构以普通话和规范汉字为基本的教育教学用语用字。"

2.语音规范标准是语言为社会服务的重要基础

我们知道,语言是最重要的交际工具和信息载体。在国家工业化的进程中,大力推广、积极普及全国通用的普通话(包括规范语音标准)有利于消除语言隔阂,促进社会交往,对社会主义政治、经济、文化建设和社会发展具有重要意义,有利于商品流通和培育统一的大市场。我国是多民族、多语言、多方言的人口大国,推广普及普通话有利于增进各民族、各地区的交流,有利于维护国家统一,增强中华民族的凝聚力。

同时还需要特别强调的是,随着全球化、信息化时代的到来,各类语言规范标准,包括语音规范标准的制定与推行,对提高社会语言生活的质量与效率有着比以往任何时候都要重要的意义与作用,在我国则首先体现为信息技术水平的发展所需。信息技术水平是衡量国家科技水平的标志之一,语言文字规范化标准化是提高中文信息处理水平的先决条件,推广普及普通话和推行《汉语拼音方案》有利于推动中文信息处理技术的发展和应用。

(四)音节表的制定及其服务面向

1.音节表

音节是听觉上自然感觉到的最小的语音单位。汉语的音节比较简单清晰,一般一个音节用一个汉字来表示(儿化音节除外)。

2.音节表的服务面向

汉语是一种有声调的语言,音节须附有声调才能够表达意义。普通话中有22个声母和39个韵母,如果所有的声韵母都能相拼,不计声调,理论上可以组成800多个音节。事实上,普通话音节表里大约只有400个有字的音节。从上边的基本音节表中可以看出,声韵母是否能相拼具有一定的规律。此外,各地汉语方言的声韵拼合规律跟普通话又不完全一样,例如吴方言唇齿音声母可以跟齐齿呼韵母拼合,而普通话不能。所以我们需要通过基本音节表的发音训练来掌握声韵拼合的规律,以避免拼写时出现差错,提高教学普通话和给汉字注音的能力。方言区的人们更应该比较普通话和方言声韵拼合情况的异同,并掌握其对应规律,以便更好地学习普通话。

对于一些特殊人群,音节表也有其独特的服务指向。根据焦明(2001)的研究,聋生由于听力和语言的缺损等客观因素的影响,学习直呼音节面临着较大困难,但直呼音节能力的形成也有客观的发展过程和可遵循的培养训练阶段,这就使得我们在训练阶段中首先应严格声韵母的发音质量。声韵母发音的准确度直接影响聋生直呼音节质量的高低。所以,自拼音教学开始,就应把声韵母的发音部位、发音方法的训练确立为教学的重点。单韵母和声母的发音过程中,舌位和唇形的变化不大,所以只要运用正确的发音部位、准确的发音方法,就能较好地发准单韵母和声母的音。在教学中,首先,我们应努力通过发音示范,让学生凭借视觉细心观察教师与自己的舌位和口形,进行模仿发音训练;其次,还应保证足量的直呼音节训练,如进行换韵换声直呼练习,即学习一个音节后,用其他韵母换下这个音节的韵母或声母,进行对比类推直呼。学生在兴趣盎然的换声换韵练习中,不但增强了直呼意识,而且形成了初步的直呼音节能力。实践表明,严格声韵母的发音质量,教给学生准确的发音方法,再辅以多种形式的大量训练,是培养聋生直呼音节能力的客观过程。只要目标明确,训练得力,则不仅能有效形成聋生的直呼音节能力,而且一定会为其以后的识字、阅读和语言学习架起牢固坚实的桥梁。

3. 谐音现象中的服务指向

所谓谐音,就是利用汉语词语的音同或音近的特点,由一个词语联想到另外一个词语,是一种同音借代关系,通过这种词语的谐音关系可以造成"谐音取义"。(疏志强 2000)谐音这一修辞方式,古代已经有所运用。比如唐代著名诗人刘禹锡的《竹枝词》中写道:"杨柳青青江水平,闻郎江上唱歌声。东边日出西边雨,道是无晴却有晴"。其中,"晴"与"情"谐音,双关妙用。

20 世纪 90 年代以后,电脑逐渐普及,人们开始进入网络时代,有一些谐音网络新词随之在网络上蹿红,成为抢眼热词,其特点就是借助于语音的谐音功能。具体说来,网络中的谐音主要分为三种方式:第一,数字谐音,如:"886"表示"拜拜喽","7456"表示"气死我了",2013 年 1 月 4 日,有很多年轻人在这一天登记结婚,就是因为"201314"表示"爱你一生一世";第二,汉字谐音,如"斑竹""板猪"表示"版主";第三,英文谐音,如"伊妹儿"表示"e-mail"等。

对于以上这些数字、汉字、英文等谐音现象,有人持不赞同的态度,认为它们不规范。闪雄(2000)即认为"把汉字和西洋字母、阿拉伯数字混合、杂糅着使用,则会造成更大的混乱","这些新的词汇……会给读者造成一定的认读困难,更为严重的是,会给汉语规范带来极大的破坏"。

对此,从语言服务的角度看,包容一点儿的态度可能会更好。以数字谐音为例,我们知道,网络最大的特点是方便、快捷,而汉语在输入方式上不及英语等拼音文字,它需通过拼音的拼合或汉字笔画的分析搜索出所需汉字。这样的过程无疑给网络的快捷、高效带来一定的阻滞;而数字等则无须经过这样一道工序,它简单、明了、清晰、快捷。(刘洁 2000)能够提高效率,有利于更好地进行语言服务,有其交际价值。"蒜你狠—算你狠”“唐高宗—唐高宗”等谐音造词则使我们感到社会物价上涨事实的同时，领略到了网络语言紧跟时代脉搏、构词巧妙的魅力。

二、语音训练服务与语音信息播报服务

(一)语音训练服务

1.语音训练服务的平台

在国家现代化的进程中，我们国家在各方面都取得了世人瞩目的成就，社会得到了空前的发展。人们在注重提高自己内在修养的同时，也比以往任何时候都注重自己的形象，语言表达作为人形象的重要组成部分也日益受到人们的重视，而其中语音形象更是成为展示个人乃至职业形象与企业形象的一个重要支点，形成了相应的一些服务平台。根据我们了解，以语音训练服务作为生产和经营手段事业的语言产业已经形成。其服务对象是包含了各类企业客服人员的普通大众。

为了提高语音表现的水平与质量，近些年间，我们着力建设建立语音服务的平台，仅以教学普通话为例，其语音服务平台主要可以分为两大类。第一，真人发音，即由人朗诵的音频材料。普通话文本朗读音频资料主要使用这一办法，这类音频有：普通话词语表一、表二、儿化、轻声、普通话朗读作品等。第二，人工合成语音。随着语音合成技术的日益成熟，各种人工合成语音软件应运而生，这些软件一般都能自动识别汉语的词句，并能比较自然流畅地朗读出来，完全可以做语音老师帮助学习者正音。这类软件主要有：读霸 V1.3 绿色特别版、语音朗读王 V2006 绿色单机版、中文女声语音库等。(梁安、黎未然 2007)

无论是传统的人工服务平台，还是新兴的以计算机软件为媒介的语音服务平台，例如上文提到的正音软件，又如广播电视系统的有声语言平台，以及互联网上的有声读物等，均反映了语音训练服务在当今社会中日益得到更大范围内的关注和应用。

事实上，语音训练服务平台不仅包含以正音为目的的教学平台，还可

以有更大的应用价值。国家语委一直致力于开发中国语言资源有声数据库这一语言工程。李宇明(2010)认为中国语言资源有声数据库"旨在用现代信息技术、遵循统一的工作规范和技术规范、将中国各县域的语言实态(也包括方言和地方普通话)记录下来,归档建库,永久保存。通过对该库的学术开发和行政开发,可以起到全面了解语言国情、科学制定国家语言规划、科学保存和开发国家语言资源、促进普通话的推广、促进语言文字的信息化、促进语言科学的发展等作用"。

2.语音训练服务的路径与方法

语音训练服务,通常是指导人们将各类信息及不同感情色彩通过语言传递给听众,准确清晰发音是完成这一传递过程的基础。在现代汉语各类教材中,大多已经从声母、韵母、声调和音变四个部分对普通话的语音训练方法做了介绍。

针对企业客户服务部门、前台工作人员以及呼叫中心的员工等语音发声存在诸多不规范、不职业,及其字音不准、吐字无力、吐字含混等常见的语言问题,我们还应配有相应的字词、句段、诗词及绕口令等练习。针对语音服务播报者,应引导以情感运动为基础来运用语言表达技巧,包括沟通对象特征、内在语、停顿、重音、语气和语调、语速和节奏等内容,突出服务品质。在语音发声基础上,引入重要的沟通表达要领,如电话交流中的倾听、反馈、用词表达、拒绝、提问、说服、情绪调控等与日常嗓音使用有关的方法和技巧。我们应做到科学用声,提高声音质量;运用语气语调、情感融合等素质训练,建立友好的声音形象;通过听力、反馈、复述、解说等提升训练,提升语言综合能力;掌握规范服务,实现有效沟通。

(二)信息播报服务

在相当长的一段时间里,语音信息播报通常采用人工播报的方式。这种传统的播报方式主要存在着下面几个缺陷:第一,发音朗读有时不规范:如将地方方言与普通话混杂起来,语音不规范。第二,易出错:以候车厅中的播报为例,由于播报员每日需播报大量的用户须知、车次到达和出发信息,还有临时的寻人寻物等信息,看错、念错、漏播、错播等现象在所难免。第三,浪费人力:需要安排多人专职轮流播音,耗费管理成本。(曾谁飞、王仁波 2010)

近些年,随着电子工业的发展,智能语音信息播报随之产生。这种播报方式是人们按照预定的程序和指令,人为地产生出音素、音节、词和句子。它主要利用了语音合成技术,并涉及声学、语音学、数字信号处理技术、多媒体技术等多个学科。孙骏驰(2006)指出,利用这种技术产生的智能信息播报服务,目前主要应用于以下几个领域:

第一,电话查询系统:政府部门或信息服务性行业可提供无人值守的信息查询系统,用户可使用电话终端作为信息查询的工具,语音信息为该查询系统的信息提供途径。

第二,电子书朗读器:语音合成技术使得手持式设备如电子阅读器可以抛弃体积庞大的显示屏幕从而改装为电子书朗读器。

第三,通信网络:语音信号在网络中的传输会占用大量网络资源,结合语音识别技术可实现通信网络的"声音-文本-声音"的转换,使通信两端使用声音信号,网络传输使用空间相对非常小的文本信号,从而大大节省网络资源。

第四,电信增值服务:电信行业的声讯服务平台等增值业务。

第五,各类行业软件:语音合成技术应用在行业软件中可增加软件的提示及帮助功能,大大提高软件系统的适用性。

此外,人工语音信息播报使用的领域,如交通运输行业的候车大厅广播、报站系统,银行的客户营业厅排队叫号系统等,在很大程度上都被智能语音信息播报系统所覆盖。

智能语音信息播报服务已逐渐深入到普通群众的生活中。这就要求我们在使用这种语音服务时,要注意其规范性、合理性。以电话语音服务为例,它普遍运用于公益服务电话,给广大百姓带来了便利,但同时也在某些设置方面带来了一些障碍。全国人大代表许兴雄对目前相当一部分公益热线用语音服务、引导提出批评。他指出,人们在使用热线自动语音服务的过程中,有时会遇到各种语音提示,为此不得不进行漫长的等待,短则两三分钟,长则十几分钟。有的城市甚至在生命救助热线"120"也设置层次繁多的语音提示,这对公众是一种不负责任的行为。

三、语音分析技术服务

(一)语音分析技术及软件

语音分析(Speech Analytics)技术,是指通过语音识别等核心技术将非结构化的语音信息转换为结构化的索引,实现对海量录音文件、音频文件的知识挖掘和快速检索。

语音分析技术主要应用于传统的语言学方面,并就此研发了一系列软件。这些软件可以使语音波形数字化、可视化,从而帮助学习者进一步认识语音的性质和音素的音征。用 Mini Speech Lab、Praat、Speech Analyzer、Win CECIL、Wavefuer、SFS Win 等软件得到的图形,称为"频谱图"或"语图",如频谱图、元音语图、辅音语图和声调图等。(梁安、黎未然2007)随着人们步入信息时代,从事与语言相关的企业和专业岗位大量涌现。比如说,安徽科大讯飞信息科技股份有限公司(以下简称科大讯飞)就是一家专业从事智能语音及语言技术研究、软件及芯片产品开发、语音信息服务等的软件企业,在语音合成、语音识别、口语评测等多项技术上拥有国际领先成果。

(二)语音分析技术的利用

语音分析技术及其软件的使用,无论是在传统语言学研究方面,还是在新兴的语言产业方面,都起着非常重要的作用。

以传统语言学研究为例,语音分析技术及软件的应用,使语音波形变得可视化。界面清晰,操作简易,发音时波形、频谱、声调图同时显示,对学习者既有视觉刺激,又有听觉刺激,利于学习者多感官介入;剪贴自如,可以帮助学习者区分音征;学习者还可以保存自己的语音档案,以备查、对比;学习者也可以边学习边测试,直到发音与标准音相同、波形与标准音相似,实现人机双向交互式学习。(梁安、黎未然 2007)

以新兴语言产业的研究为例,科大讯飞收集众多重点行业的语音分析应用需求,并据此专门设计了语音分析应用系统,帮助用户加速应用投产进程,更快获得收益。此外,科大讯飞还针对客户的个性化需求进行定制开发,完善应用系统的功能、报表等,使系统持续适应客户业务发展的需要。

科大讯飞的 Voice Insight 语音分析系统,通过领先的语音分析核心技术,针对客服中心的实际业务需要,可有效地对录音数据进行自动分析,提取出有效的信息,让用户驾驭海量客服录音数据,辅助客服质检,进而有针对性地改善客服质量,提高客户满意度;同时也可以通过系统挖掘用户行为数据,进而及时进行准确的市场决策。

据屈哨兵(2011)介绍,"科大讯飞占有中文语音技术市场 60% 以上市场份额,有报道指出,该公司以语音服务核心技术为基础拓展市场空间,营业收入从 2007 年的 20 亿元到 2008 年 25 亿元再到 2009 年 30 多亿元人民币,净利润也从 2006 年的 50% 多增长到了 2009 年的 80%。这充分说明语音分析技术服务具有广阔的产业发展前景"。

四、语音面貌的设计与利用

为了提高语音训练的速度和效果,我们应关注普通话语音面貌,即学讲普通话者通过语言流动使人在听觉上自然感到的整体性直观印象。语音面貌在普通话水平测试中,主要通过"自由会话"方式来考查。一般来说,人们普通话语音面貌的表现,取决于两个因素:一是个性因素,即学讲普通话者的思想动力、语感辨音能力和口语模仿能力;一是共性因素,即说话者固有的方言语音与普通话标准的差异情况。

如果说普通话语音标准是对该语音系统的各个环节——包括声母、韵母、声调、声韵配合规律、音变、轻声、儿化等的科学规范,偏重于理论意义,那么普通话语音面貌则是说话者的口语表现效果,偏重于实践意义。二者之间既有联系又有区别:语音标准是客观的、恒定的,而语音面貌则带有主观的特点,因人而异。以普通话标准来衡量,学讲普通话者的语音面貌可以有好与不好的程度差别。从理论知识角度掌握普通话的各项语音标准固然重要,但更重要的是指导实践,使说话者的语音面貌尽量达到标准要求。(李庆之、赵杰 2001)

为了更好地完善普通话语音面貌,在一般音准面貌要求的基础上,还有三个因素值得介绍和注意,分别是嗓音设计、停顿设计和语速设计。

(一)嗓音设计

在介绍嗓音设计之前,我们先来了解一下嗓音音色。音色又叫“音质”,指的是声音的特色。在宽泛的音色概念中,包括了两个具体概念(语音音色、嗓音音色)和一个相关概念(声音音色)。人们在熟悉的交际范围内,往往听其声就可以知其人。这种在语音音色以外所反映出的发音个体所具有的本质性特征,就是嗓音音色。

从物理角度说,嗓音音色是由嗓音频率分布的特性决定的。所以排除词语内容,人们单凭稳定的嗓音音色即可分辨出说话人,无论发音人如何装饰自己的嗓音,声学分析仪器都可以揭示出其“真面目”。张颂(2003)认为:“从生理角度说,嗓音音色取决于声带和声道所固有的形态特征。”

人的嗓音是十分现实的,改造它绝非易事,虽然许多学者对此付出了大量的、辛勤的劳动,但至今还存在许多盲点。不过,我们认为通过一定的设计,能有助于改善人们的嗓音音色。由声带振动所形成的喉原音,是共鸣器官进行声音加工和口腔构字的素材,它和有声语言之间存在着类似原料和成品的关系。喉原音的质量,直接影响到发声的最终效果。

为使嗓音能达到纯净、自然、持久、丰满和富于变化的境界,需要在喉部放松的状态下,逐步实现喉部发声能力和控制使用能力的提高。我们可以通过严格的基本功训练,提高喉的发声能力。主要包括扩展音高音域的训练、扩展动力音域的训练和虚实变化训练。我们还应注意调整喉头垂直位移幅度,保持发声时喉头的相对稳定,以获得变化自然、和谐通畅、润泽丰满的声音。嗓音的训练应注意方法准确,循序渐进,避免盲目追求,嗓音的使用应注重自如声区。(张颂 2003)

2011 年,英国电影《国王的演讲》名声大噪。它讲述了患有口吃的约克郡公爵,在语言治疗师的治疗下,克服心理障碍,并成功在二战前发表鼓舞人心的演讲的故事,其中就涉及了嗓音设计。

(二)停顿设计

停顿是指说话或朗读时,段落之间、语句的中间或后边出现的间歇。这一方面是出于人的生理上或句子结构上的需要,停下来换换气或使结构层次分明;另一方面是为了充分表达思想感情,并让听者有时间领会说话或朗读的内容。(黄伯荣、廖序东 2007)

停顿可以分为生理停顿、语法停顿和逻辑停顿三类。生理停顿指的是由于生理上换气的需要而造成的停顿,语法停顿和逻辑停顿则需要结合语言的实际情况才能确定。人们在说话时总是综合地运用三类停顿,通常的原则是:语法停顿服从逻辑停顿,生理停顿又服从语法和逻辑停顿。三类停顿运用得当,可以把说话的内容、说话人的情感清楚明白地表现出来。

停顿跟语速、语气、情绪等有关系。激动、欢快的时候,语速较快,停顿就会相对减少;沮丧、低沉的时候,语速较慢,停顿则会适当增加。

现实语言生活中,我们应注重停顿设计。比如会议开场前通常需要介绍与会嘉宾,当嘉宾人数较少时,可以采用逐一停顿的方式;当嘉宾比较多时,逐一停顿式的介绍就使得与会者觉得冗繁,对嘉宾的介绍兴趣尽失,乃至掌声也变得稀稀拉拉。这时,我们就可以尝试新的停顿设计,如将嘉宾分成不同的类别予以介绍。

(三)语速设计

语速,即说话、朗读时吐字的快慢。北京师范大学语音专家周同春教授的研究表明,正常的语速为 240～300 字/分钟。(谢礼遂、周振玲 2002)根据孟国(2006)的研究,现实生活中,由于性别、年龄和职业的不同,人们在言语交际时的语速也不尽相同。从性别来看,男性比女性说话快,每分钟可多出 11 个字。从年龄来看,年轻人的语速要高于中老年人。这反映了年轻人生活节奏快、思维敏捷、口齿伶俐的特点,当然也可以看出中老年人稳重、成熟、做事有条不紊的特点。从职业来看,主持人、记者伶牙俐齿,咄咄逼人,语速最快;大学生年轻气盛,思维敏捷,口齿伶俐,紧随其后;知识分子(不含教师)知识丰富,头脑清楚,表述严谨,语速适中;而干部、官员语速不太快,反映了这一群体言语谨慎和深思熟虑。普通人群的语速相对较慢。以教书为职业的"教师"语速最慢,这正是因为教师群体思维清晰、口齿清楚、语音标准,希望自己的每一句话都让对方听清,而这些特点恰恰使得他们的语速不会太快。

进一步来看,由于受交际内容等的影响,即便从事同一职业,语速也会发生相应的变化。谢礼遂、周振玲(2002)指出:以播音为例,通讯、特写会比消息播得慢一些;同是消息,政府的重大声明、突发事件的报道、重大人事任免事项等要播得慢一些,而反腐倡廉一类的有关通知、有关规定则要播得快些,以期借着语速造成一种压力,一种威势;听众不熟悉的内容比如介绍纳米材料的报道,里面的新知识、新名词多,则要播得慢一些,好给听众一个领会吸收的余地;不同情感色彩的报道在语速上的不同要求则更明显,比如重大人物的讣告,只有极慢的语速才能表达出悲哀、伤痛的心情;而重大喜庆节目的现场报道,如果也用极慢语速,就会与现场热烈气氛极不相称。即使在同一篇稿件里面,语速也可能不一样,比如播报重要的人名、地名、数字,以及核心内容等,语速要稍微放慢,以起到强调作用。屈哨兵(1996)也曾指出:广告语言的语速由于受到广告内容、广告语境、广告创意等因素的影响,表现出一些值得注意的特点。如慢语速的广告在内容选择上有一个大致的标准,多集中在商品的品牌、企业名称、标题、口号、各种诉求重点等方面;快语速的广告则表现出一种对快捷、利落、高效的服务风格或商品品质的应对。

因而,我们在说话和朗读的过程中,可以根据交际场合、情感等的需要随时调整语速,表现出一定的起伏,使之更加符合交际与传达的需求。

第三节 基于词汇的语言服务

词汇是语言三要素(语音、词汇、语法)中最活跃、最敏感的要素。词汇服务是指以词汇作为主要形式的服务,现代汉语的词汇系统比语音系统和语法系统复杂多变,词汇方面的服务空间也更为广阔,主要包括词汇规范标准的制定,各种规范词表、专题词表的研制与推广,新词语的引导,词典的编纂等内容。

一、词汇规范及其推广

现代汉民族共同语的词汇格局建立在北方方言的基础之上,在其形成和发展过程中,语音、词形等方面不可避免地会出现一些分歧,因此,有必要对异读词、异形词进行规范;而对一些具有特殊表达效果的古语词、方言词也应在规范的基础上予以合理的吸收;此外,随着我国与国外政治、经济和文化的交流日益密切,一些新的外来词也不断进入国人的视野,同时,新事物的出现也造就了一批新词新语,这些都需要从语言规划的角度对其进行选择,以利于共同语的不断丰富与和谐发展。因此,汉语词汇的规范化作为当前语言规划的重要任务,受到普遍的重视。

(一)词汇规范的服务空间

1. 词汇规范服务的意义

在全球经济一体化和国家现代化进程中,词汇规范的意义重大。从国内语言国情看,词汇规范为国家语言文字政策制定和学术研究提供参考,并引导语言生活向着健康和谐的方向发展。通用词表和常用词表的研制,异形词、异读词的整理等词汇规范,直接服务于国家语言的推广应用,有助于各地区交际和交流的畅通。语言的信息处理是信息时代的必然要求,21世纪以来,我国高新科技发展中正在努力攻克汉语信息处理难题,词汇规范可以成为汉语信息处理的一个重要基础。此外,词汇规范还直接服务于学校的语文教学、扫盲、对外汉语教学、辞书编纂等。

2. 词汇规范服务的已有基础

目前政府和有关学术机构在词汇规范方面已经取得了一些成果:在异读词的审音方面,鉴于普通话中存在的词语异读现象,国家先后组织有关部门两度进行审音,确定词语的规范读音形式,并于1985年公布了《普通话异读词审音表》;在异形词的整理方面,教育部、国家语委于1999年开始组织异形词整理工作,经过两年多的工作,收集研究了1500多组异形词,选取了普通话书面语中经常使用、公众的取舍倾向比较明显的338组异形词,制定了《第一批异形词整理表》,并于2002年3月开始试行;在通用词、常用词的规范方面,2000年通过了《现代汉语通用词表》(国家标准)的鉴定,2008年通过了《现代汉语常用词表(草案)》的鉴定。

3. 词汇规范服务的提升空间

由于词汇规范的范围非常广泛和复杂,涉及词汇的各个方面,词汇规范服务有待进一步提升。正如葛本仪(2002)所言:"宏观上看,词汇规范涉及词的声音形式(语音)、书写形式(文字)、词的意义内容(词义)、词的组合规则(语法),以及词的运用情况(语用)等各个方面,因此词汇规范问题必须兼顾语音规范、文字规范以及语法规范等方面的标准和原则;微观上看,它不仅要对方言、外来词、古语词、新词语等的运用和取舍做出规范的标准,而且对每个个体词的语音形式、意义内容、书写形式以及其应用和发展变化的规则等各个方面的标准形式也应做出规定。"正因如此,汉语词汇规范虽取得了一定的成就,但与文字、语音、语法等方面的规划建设相比,具有非常明显的自身特点与建设任务。

第一,应深入开展词汇规范的理论探讨,为制定词汇规范的原则、标准服务。语言文字工作者对词汇规范进行了一系列讨论,提出了若干新的词汇规范观。如：陈章太（1996）提出了"约定俗成,逐渐规范"原则。张志毅、张庆云（1997）提出了"词竞众择,适者生存"的总原则。陈光磊（1996）认为规范的形成是一个过程。李宇明（2002）认为词汇规范必须全面考虑语言的社会职能、不同领域词汇的不同特点、语言的系统性等,必须处理好学理与俗实的关系,为语言留足发展的空间。这些理论探讨,为词汇的规范做了很好的理论铺垫。而随着时代的发展,词汇不断衍生出一些新的特点,相关理论研究需进一步深入下去。

第二,制定适合不同类型词汇规范的具体原则和标准。词汇规范的范围非常广泛,方言词、外来词、古语词、缩略语、新词语、字母词等都是词汇规范的对象,不同类型、不同领域词汇规范的原则不同,应由国家或权威学术机构进一步出台适合不同类型、不同领域词汇的具体规范标准。

第三,加强已有词汇规范标准的修订和补充。例如,在异读词的审音方面,虽然出台了规范标准《普通话异读词审音表》以资参考,但这并不代表普通话审音工作的完成,新的字、词读音问题仍会在普通话的推广、教学、应用中产生,审音工作还须不断推进。而规范词表更不能一成不变,随着社会、事物、观念的发展变化,每隔一段时间词表要补充、修订一次,以作为新阶段普通话词汇规范的依据。

第四,加强规范性词典的编纂及修订。贯彻、巩固、推进国家和权威机构出台的词汇规范各项成果,离不开规范性词典的编纂。

另外,在词汇规范的推行方面,应加强《国家通用语言文字法》等语言、词汇政策法规的宣传力度,还要积极加强传媒用词规范,积极发挥传媒对词汇规范的影响效应等。

(二)现代汉语规范(通用)词表的研制

为了促进语言文字的规范化工作,需要通过调查研究,给现代汉语通用基本词划出一个范围,制定出具体的词表,给语言文字应用和有关政策的制定提供科学的词汇依据。

《现代汉语通用词表》(国家标准)研制工作,1998年7月经国家语委批准正式立项。该项工作由《现代汉语规范词典》编写组经过一年多的工作，完成了语委提出的搜集资料、确定选词原则、收词量和覆盖率测试等几项基本任务。《现代汉语通用词表》(又称"规范词表")的研制，充分注意到"词表的范围和规模""词和非词的界限问题""词表的规范性问题"等内容，2000年该词表在北京通过鉴定，测试显示动态覆盖率达99.07%。《现代汉语通用词表》同国家已经发布的《现代汉语通用字表》是配套工程，都是我国语言文字规范化和语文教育方面的基础性建设工作。

鉴于汉语词语发展变化大，研究和统计手段又不断提高，为把词表研制工作做得更加扎实完善，2005年6月教育部语言文字信息管理司决定对《现代汉语通用词表》进行修订，此项工作由原课题组和新立项的《现代汉语通用词量与分级》课题组合作进行，共同研制一个常用词表。根据五年来语言发展变化的情况对词条增删调整，按新的统计处理方法确定词语常用度并以此重新排序，使词表能更真实地反映我国现代汉语词汇系统的概貌。

2008年，《现代汉语常用词表(草案)》最终形成，收录了现当代社会生活中比较稳定的、使用频率较高的汉语普通话常用词语56008个，条目按频级升序排列；所收词语是经过2.5亿字海量语料的检测的。《现代汉语常用词表(草案)》是以"中国语言生活绿皮书"A系列名义发布的第一个"软性"规范，属于语言文字标准化工作的新尝试。

(三)规范词表的推广利用

《现代汉语通用词表》(国家标准)与《现代汉语常用词表(草案)》的研制，为当代社会生活中通用的，稳定性较强、使用频率较高的汉语普通话常用词语划出了范围，为语文应用和有关政策的制定提供了科学的词汇依据。规范词表对于汉语的规范化，中小学语文教学、扫盲教育、对外汉语教学，中文信息处理和辞书编纂等工作都具有积极意义。

1.词表是普通话词汇测试规范标准的参照

汉语规范化工作是我国当前语言文字方面的中心工作，而规范普通话词汇必须有依据,《现代汉语通用词表》已经成为规范普通话词汇的重要依据和普通话词汇测试规范标准的参照。

2.词表是汉字应用水平测试的依据

汉字应用水平测试是国家继普通话水平测试之后贯彻执行《中华人民共和国国家通用语言文字法》的一个重大举措。但其并非测试单个的汉字,而是以词语为单位,在具体语境中进行测试,这样才能体现被试的汉字应用水平。这种测试方式决定了测试不仅需要测试字表,还需要测试词表,《现代汉语通用词表》能够为汉字应用水平测试提供科学规范的依据,而《汉字应用水平测试字表》的制定也是在《现代汉语通用词表》的基础上完成的。

3.词表是现代汉语词典编纂和修订的重要依据

词典在编纂和修订方面也充分利用了规范词表的成果。一些权威工具书的编纂和修订,都充分吸收了《现代汉语通用词表》和《现代汉语常用词表(草案)》的成果。《现代汉语常用词表(草案)》的研制,必将为词典的编纂和进一步修订提供更大的科学和便利的依据。

4.词表可以为汉语教学与测试提供重要参考

规范词表对中小学及对外汉语教学教材的编写,尤其是生词的挑选、生词表的编写,都有重要参考价值。

此外,在中文信息处理领域,《信息处理用现代汉语分词规范》《现代汉语语法信息词典》等无不参考了规范词表的精神和处理办法。

二、专题词汇的荐选与推广

(一)语种间的词汇对照服务

1.语种间词汇对照服务的意义

随着世界经济一体化和全球化进程的加快,以及中外文化交流的不断深入,中国和其他国家在各个领域开展的合作或交流越来越频繁,不同语种间的词汇对照服务显得越来越重要。以体育相关词汇对照服务为例,随着奥运体育项目在中国的普及和中外体育交流的日益频繁,中国需要一本与国际接轨、多语种对照的通用奥体项目名词规范词表。2008年北京奥运会开幕之际,全国科学技术名词审定委员会和国家语言文字工作委员会联合发布了奥运体育项目名词,并以《奥运体育项目名词》为名由商务印书馆正式出版,这是一本与国际接轨、多语种对照的通用奥体项目名词规范词表,不但有助于体育爱好者和从业者系统学习和规范使用,而且有助于翻译人员对于体育名词的准确翻译。这种词汇对照表针对性更强,实用性更直接和突出,很大程度上满足了具有一定外语水平的科研、生产、教学人员对于译名的选择使用。

2. 语种间词汇对照服务取得的成就

目前,语种间的词汇对照已经取得了一定的成果,一批比较成熟的词汇对照表已出版或公开发表。有基本词汇的对照词表,如《常用英汉词汇对照手册》《多种语言对照基础词汇》(汉英法日俄)、《阿拉伯语词汇分类学习小词典》(汉－阿－英对照阿－汉词汇表)、《葡萄牙语词汇分类学习小词典》(汉葡英对照)等;也有汉外间的专题词汇对照表,如《奥运体育项目名词》《环境保护词典》(汉日英词汇对照)、《简明日汉英服饰词汇对照手册》《精选基础医学英汉词汇对照》《英汉对照美术专业词汇》《汉英对照饭店词汇》《旅游汉语词汇手册》(汉英对照)、《乘务服务常用词汇手册》(中英文对照)、《世界各国首都名称》(汉英对照)等,涉及社会的多个领域。

3. 语种间词汇对照服务的提升空间

语种间的词汇对照服务已经取得了一定成绩,但从整体看,各领域在翻译中的译名仍比较混乱,常常使读者产生歧义和误解。因而,语种间对照服务的空间仍有待拓展,服务的质量也有待提高。目前已经出版或发表的翻译对照词表涉及社会多个领域,如服饰、医学、环境、美术、旅游、饮食等,但与社会需求相比,这远远不够。广大读者只能借助网络汉外词汇对照表,如"物流专业词汇中英对照表""电影译名对照表""市场营销专业词汇中英文对照表"等。这些网络词表点击率虽高,却良莠不齐,准确性、科学性难以得到充分保证。当然,网络词典的低成本和编辑更新的高效率也是它的一个优点,值得肯定。还有,即便是已经出版的对照表,各刊物之间译名对照也不尽相同,而且有些对照表出版年代较早,有待进一步修订更新。另一方面,汉英词汇对照词表已经较为成熟,但汉语与其他语种的对照则较为贫乏。这些方面的服务仍亟须加强。

(二)科技名词的规范服务

1. 科技名词规范的意义

科技名词是科学技术名词的简称,是特定学科领域用来表示概念的词语指称。科技名词是科学的基础,科技交流的载体。科学技术的发展、社会的进步必定要求规范科技名词的支持。科技名词的混乱使用,会阻碍科学技术的顺畅交流,比如,ergonomics 一词,在 15 家出版单位出版的 21 部词典中,就有人机学、人类工程学等 22 种叫法。在科技发展成果快速惠及社会各个方面的今天,科技名词对老百姓日常生活,诸如基础教育、医药保健、衣食住行等各方面的影响也远超出一般人的想象。混乱的名称,不但影响交流,有时甚至还会阻碍科学技术的进步。规范科技名词在社会上已经形成广泛的共识。

2. 全国科学技术名词审定委员会的工作成果

为了加强科技名词的规范化,1985 年,经国务院批准,全国科学技术名词审定委员会(原称"全国自然科学名词审定委员会",以下简称"全国科技名词委")正式成立。任务是负责制定我国科技名词工作的方针、政策、原则和规划;负责组织科学技术各学科的名词审定、公布及协调、推广应用工作;开展海峡两岸及华语地区科技名词的交流、协调和统一工作;组织科学技术名词术语的研究和国内外学术交流活动。

全国科技名词委自成立后,其工作方针、原则、程序已经相对成熟和完整,科技名词体系也趋于完善。至 2010 年 10 月,已按学科组建了基础科学、工程技术科学、社会科学等领域的 80 个学科名词审定委员会,公布了 85 个学科的规范名词。截至 2011 年,公布出版名词书总量已经达到 125 种。海峡两岸科技名词术语整理工作也初见成效,已先后开展了近 30 个学科的两岸科技名词交流、对照与统一工作,截至 2010 年 10 月,全国科技名词委出版了 17 个学科的海峡两岸对照科技名词。此外,全国科技名词委还建成了科技名词数据库和工作网站(www. cnctst. cn),实现了向社会提供无偿查询服务。

　　3. 科技名词规范的服务空间

　　虽然科技名词的规范化已经取得了可喜的成就,但整体上,科技名词规范的空间还比较大,需要进一步加强科技名词规范的服务工作。主要可以从以下四方面开展:

　　第一,加强对已完成审定名词的增补、修订和加注定义的工作。

　　第二,随着科学技术发展日新月异,大量新名词不断涌现,科技名词工作需要及时收集更新,审定发布。

　　第三,加大对少数民族科技术语对照工作的支持力度。将全国科技名词委审定公布的规范科技名词转译成少数民族语言,对发展民族经济、创建和谐社会有重要意义。近年来,我国维吾尔文、哈萨克文等民族文字的科技名词均有一定进展,但由于语种复杂,这方面的工作仍极为繁重。应更加积极主动地为民族语言科技名词规范化工作提供资源和技术方面的支持。

　　第四,应加强人文社科领域名词术语规范化研究。《中共中央关于进一步繁荣发展哲学社会科学的意见》(中发〔2004〕3 号)指出,社会主义现代化,应该有发达的自然科学,也应该有繁荣的哲学社会科学。当前,社会科学领域存在着术语不规范的现象,影响学术争鸣和交流,加强社科领域名词术语规范化研究,推动实践社科术语的规范化,是繁荣发展社会科学一项非常重要的基础性和紧迫性工作。

　　4. 科技名词规范推广运用的服务空间

　　近年来,全国科技名词委采取多种方式宣传和推广规范名词,如出版规范名词辞书,通过《科技术语研究》杂志不定期地公布一些审定成果,通过建设数据库和网站为社会提供无偿服务,通过与一些信息产业领域的企业合作推广规范名词,取得了一些成果。但从整体上看,目前已经公布的规范名词还远未得到普遍认同,现有出版物中不使用规范名词的现象仍时常可见。科技名词规范推广运用的力度仍需加大,主要可以从以下五方面来开展:

第一,加强科技名词规范的立法建设和制度建设。科技名词规范是国家行为,是政府公务,国家有关部门应进一步建立、健全科技名词应用方面的法规,实现依法行政。可以在《中华人民共和国国家通用语言文字法》和《国家科学技术普及法》中增添相应条款。

第二,发挥新闻媒体的宣传带头作用。新闻媒体要通过各种宣传媒介宣传名词统一的重要意义,带头使用已经公布的名词。另外,获取规范名词的渠道,普通民众知之不多,新闻媒体应担当起向民众介绍宣传的责任。

第三,加强书刊、文献、资料中的科技名词规范。各编辑出版单位出版的有关书刊、文献、资料,应使用规范名词。特别是各种工具书的术语规范,首先要从字典和辞书出版领域进行规范抓起,通过法律和制度约束,严格质量检测标准,应把是否使用已公布的规范词作为衡量质量的标准之一,科技名词使用不规范率达到一个指标即质量不合格。

第四,加强教材编纂和教学活动中科技名词术语的规范。当前教育领域中存在的误用科技名词现象,主要表现为教材中对科技名词的应用不规范,以及各类教学活动中教师对科技名词的应用不规范。应该将科技名词规范化工作纳入教材质量评估和师资培训计划当中,以更好地发挥科技名词规范工作对提高教育质量应有的作用。

第五,进一步提高科技术语数据库建设和网站建设。如全国科技名词委在2007年的数据库建设和网站建设就比较成功,是科技名词在网络时代推广应用不可缺少的阵地,相信随着建设的不断深入,其在网络搜索、检索中的可见度和显示度等方面将会变得更加完善。

(三)专业/通用词语的大众服务

1.专业/通用词语的大众服务的意义

专业词语包括各学科的术语和各行业专用语,它的适用范围一般局限于所属学科或行业,进入共同语成为通用词语的不多,在共同语中所占的比例较小,但从发展趋势看,这个比例会越来越大。尤其是一些和人们生活息息相关的专业词汇,更应该加强引导和服务。

2.药品名称的大众服务

医疗是和人们的生活联系紧密的行业,其中药品和患者的关系更为密切。药品的特殊性在于其使用的领域,一面是专业的医生、生产者和销售者,另一面却是普通的患者。药品名称有通用名和专名(商品名)两种:通用名是列入国家药品标准的药品名称,此外,药品还有商品名,就是经国家药品监督管理部门批准的特定企业使用的该药品专用的商品名称,如"百服宁、泰诺、白加黑"等令人眼花缭乱的药名其实指的都是"乙酰氨基酚"一种药物。而由于"乙酰氨基酚"这类通用名称属专业词汇,普通患者对其并不了解,加之部分厂家通过对药品商品名和通用名中汉字的字体、字号、颜色、面积等的安排,达到强化商品名、弱化通用名的目的,致使"一药多名"现象比较严重。"一药多名"严重损害了患者的知情权,不仅让患者花了冤枉钱,也给消费者的健康留下了隐患。

药品名称的大众服务亟须加强,比较可行的办法是定期把常用药品的通用名和商品名汇总起来,让人们可以方便、清楚地查阅。而相关部门要加大药品通用名和商品名相关知识的宣传力度,让患者清楚一药多名的现状、不同商品名的药品的性能和价格差异;要本着为大众服务、为消费者服务的思想,加大对药品通用名和商品名的管理工作,让消费者明明白白用药。

3.字母词的处理服务

字母词是指汉语中带外文(主要是英文)字母或完全用外文字母表达

的词。汉语中使用字母词已经有很长的历史,随着国际交流的日益频繁,字母词的增长速度越来越快,使用也更为频繁。字母词大多用于专业术语,主要出现在电子、医学、汽车、经济、化学等领域。

目前,由于字母词缺乏明确的规范标准,因而在实际生活中人们对字母词滥用和误用现象比较突出。教育部 2006 年《中国语言生活状况报告》新闻发布会上,李宇明在答记者问时谈到字母词的使用存在着很多值得关注的现象,一是大量的异形字母词存在,字母大写小写不确定,如 MP3、mp3、soho、SOHO;二是相配的汉语词不同,如 DVD 盘、DVD 光盘、DVD 碟,GPS 定位系统、GPS 导航仪等;三是同形字母词大量存在,比如"PM"可以代表"下午",也可以代表"溜须拍马"(汉语拼音的缩写)。字母词使用不规范,如果是在日常交往中偶然出现,或者可以"但说无妨",倘若是在人命关天的场合,字母词的使用是绝对应该有据可依的。如在医疗文书中,对"LRF",呼吸科的医生会理解成"轻度呼吸衰竭"(Light Respiratory Failure),肿瘤科的医生可能理解成"局部复发"(Local Regional Failure)。两种不同的理解,对病人的治疗是天壤之别。

学术界关于字母词的态度、原则、具体标准等问题一直都在进行积极不断的探索和讨论。如郭熙(2005)提出了对字母词进行规范的原则,规定字母词使用的范围并提出了相关的基本要求,对字母词的读音、书写以及辞书收录字母词的规范化提出了具体建议。邢福义(2013)提出了本着我国两千年累积下来的外来词汉化改移的优良传统,应"汉化改移"字母词,使其进入汉语词汇系统的建议。虽然有关字母词的研究已经取得了较大成就,但字母词的很多方面都存在较大争议。为了使字母词向着健康的方向发展,字母词理论、实践的探讨都需要深入。

规范方面,主要可以从两个大的方面着手:第一,应加大对字母词产生的原因及人们的接受心理的研究力度,以语言现实和语言原理与规律为依据,制定切实可行的规范方案。第二,制定词形和读音的具体规范标准。同一语义并存几种书写形式,依据何种标准和原则进行规范至今仍无定论。至于读音,争议更大。曹学林(2000)、贾宝书(2000)等认为大多数字母词可以用汉语拼音来注音;沈孟璎(2001)、刘涌泉(2002)、刘建梅(2002)、李小华(2002)等认为字母词主要用的是英文字母,就应该用英文字母的读音;郭熙(2005)则认为字母词原则上以目前国际上比较流行的读法为标准;周健等(2001)则提出汉语和英语两套读音并行不悖,都可视为规范读音。显然,无论词形还是读音规范的标准都需进一步讨论,以便确定具体规范标准。

字母词需要规范,使用更需谨慎。关于字母词的处理问题,国家已经出台了一些政策法规来进行规范,如《国家通用语言文字法》规定,在字母词后面注明国家通用语言文字释义。《关于加强对行政机关公文中涉及字母词审核把关的通知》(国办密函〔2010〕14号)也提出了规范行政机关公文用字的相关意见。虽然有法规条文加以规范,但整体上,字母词的使用还存在诸多不规范之处。关于字母词的处理,可以从以下四方面着手:

第一,吸收字母词或外来词要坚持引导使用规范的、大多数人都懂的意译词,一时找不到准确译名的,不妨用音译的形式,非用字母词不可时,也应遵照《国家通用语言文字法》的规定,在字母词后面注明国家通用语言文字释义。

第二,有关部门应尽快对引进的字母词制定正确的汉语译名,以方便群众使用,即使一时找不到十全十美的译名,也应先找一个临时的译名使用,并逐步规范完善。

第三,国家应制定标准语使用的规范与标准,对包括教材、学术期刊、报刊等在内的正式出版物,以及新闻媒体中使用的外来词、字母词的使用规范做出相应规定。

第四,对已经进入汉语词汇的字母词和某些专业性较强的字母词,可以先通过工具书以附录的形式记录下来,以备当前一般读者查检,待字母词在汉语词汇中基本趋于稳定及规范标准有章可循时再做进一步处理。

(四)普通话和方言之间词汇对比服务

1.普通话和方言之间词汇对比服务的意义

一方面,普通话的通行有利于消除语言隔阂,促进社会经济、政治、文化建设和社会的发展,增进各民族各地区的交流,维护国家统一,增强中华民族凝聚力;另一方面,方言是传承各地独特文化的载体,了解和掌握某种方言对于了解这种方言的文化背景、促进方言区文化的传承非常重要。无论是推广普通话,使方言区的学习者迅速提高普通话水平,还是促使相关人群了解和使用方言,普通话和方言之间词汇对比都显得尤为重要。加强普通话和方言之间的词汇对照,可以使人们更好地认识普通话与方言词汇各自的特点和差别,进一步掌握它们之间的对应规律,对于方言区语文教学工作、普通话推广工作,对于语言的研究工作等都有着积极的推动作用。

2.普通话和方言之间词汇对比服务取得的成就及其提升空间

目前,普通话和方言之间词汇对比服务已经取得了一定的成就,主要是编写普通话和相关方言的词汇对照手册。已经出版的对照表有《珠江三角洲方言词汇对照》《普通话与福建汉语方言词汇对照表》等。但整体上看,普通话和方言之间词汇对照工作仍较为薄弱。出版的专门词汇对照手册数量不多,涉及的方言区较少。多数方言与普通话词汇对照表或夹杂在方言研究的相关论著中,或夹杂在地方志或者各地方言调查报告中,不适合一般读者使用,如"山西方言词汇对照"见于《山西方言调查报告》中。而网络上流传的方言和普通话词汇对照表,诸如《粤语普通话词汇对照》《东阳方言与普通话词汇对照表》《林州方言与普通话对照表》等数量繁多,但这些对照表编写者、出处均不详,其可信度、准确性可能要打一些折扣。当然,这种网络版对照表的出现刚好也说明了我们要在这一方面提供更高质量语言服务的一种需求。有鉴于此,可以从以下三方面加强普通话和方言之间词汇对照服务:

第一,加大各地方言研究的力度,在科学的方言调查和研究基础上,编制普通话和相关方言的词汇对照手册。同时收集整理散见于方言论著中的词汇对照表,并由专业人员进行校对整理,方便利用。

第二,在各地编写的普通话训练手册中增加"××方言词汇和普通话词汇对照表"。《普通话水平测试实施纲要》是普通话水平测试国家指导用书,该纲要规定了测试的具体内容和范围,是普通话水平测试的具体依据,其中也包含了"普通话与方言词语对照表"的内容。不过,该词表仅包含上海、厦门、广州、南昌、长沙、梅州六个方言点的资料,以此为依据来测试其他方言区或者更小方言片的情况并不适宜。因此,有些省、市甚至县一级机构为推广普通话册把"普通话与方言词语对照表"也涵盖进来值得肯定。如《重庆市普通话水平测试训练教程(智能测试版)》在附录中就收入了"川渝方言词汇和普通话词汇对照表"。但整体来看,涵盖方言和普通话词汇对照表的此类资料并不多,应增强这方面服务的力度。

第三,扩大词表的规模,提高词表的质量。现在较为通行的词表涵盖的词汇量相对较少,定位为"学话手册"配合推普工作基本没有问题,但如果用于研究则明显不足。另外,普通话和方言之间在具体词语义项上的对应关系有时错综复杂,需要语言学家深入细致地研究才能保证词表的质量。

(五)商用关键词服务

商用关键词指的是希望访问者了解的产品、服务或公司等具体名称的用语。随着互联网高速发展,上网娱乐购物已经成为很多人的爱好。互联网上存在着巨大商机,很多人看准了这个商机,纷纷进军互联网。而如何做自己的网站,让消费者在搜索商品时能浏览到自己的网页,是商家重点考虑的问题,因为在搜索引擎中检索信息都是通过输入关键词来实现的。关键词搜索是网络搜索索引主要方法之一,关键词的选择也就成为整个网站登录过程中最基本,也是最重要的一步,是进行网页优化的基础。正因如此,商用关键词的服务显得尤为重要。

关键词的确定并非一件轻而易举的事,要考虑诸多因素。除了关键词必须与所建网站内容有关之外,词语间如何组合排列,是否符合搜索工具的要求,应如何避免采用热门关键词等,都是需要研究的问题。随着网络购物的风靡流行,如何帮助企业选择有价值的关键词,将会引起越来越多的关注,而这方面的服务空间也必将越来越大。

三、新词热词的引导服务

所谓新词新语是指某时段产生的新的词和短语,也包括产生了新意义、新用法的词语。据统计,20 世纪 80 年代每年新增的汉语新词语,平均在七百个左右,90 年代,每年新增词语约为三四百个,近几年内,随着社会的进步和网络语言的发展,每年新出现的新词语都有上千条。此外,反映了一个国家、一个地区在一个时期的热点话题及民生问题的热词也越来越受到人们的关注。数量繁多的新词进入人们的语言生活中,必须进行合理的引导和规范,这是目前一项非常重要的任务。

(一)年度词语的发布

国家语言资源监测与研究中心自 2005 年开始,对我国的语言资源进行监测与研究,并且以年度为单位,定期公布监测结果。2007 年 8 月 16 日,教育部、国家语委举行新闻发布会,向社会公布 2006 年中国语言生活状况。新词语是社会生活的晴雨表,发布年度语言生活状况报告和相关数据,不能缺少反映语言生活动态变化最快的年度新词语。2006 年《中国语言生活状况报告》即尝试公布了 171 条 2006 年度新词语,引起媒体、读者(听众、网民)和专家的广泛关注。此后每年的年度新词语的发布成了一种社会期待,坚持了下来,产生了良好的社会效应。

发现汉语每年所产生的新词语,并把新词语的实态记录下来,从而进一步发现汉语新词语产生及演变的规律,然后制定科学的语言政策,以便更为有效地指导汉语语言生活,使其健康发展,这是教育部发布年度新词语的意义所在。李宇明(2008)谈道:记录新词语就是记录我们的时代,因为词语是社会的记录,每个新词语都有一个词语故事和社会故事。另一方面,发布新词语是与社会共享信息。在信息变得越来越重要的时代,信息知情权逐渐成为新时代社会成员的基本权利。监测社会语言生活状况,是国家语言文字工作部门的职责;向社会发布包括新词语在内的语言生活状况,是政府与社会共享信息、满足人民语言知情权的一种尝试,也是政府引导社会语言生活、使语言生活更加和谐的责任使然。

(二)新词新语的引导服务

新词语一直受到学界和社会人士的关注,吕叔湘(1984)曾撰文呼吁"大家来关心新词新义"。当今社会,新词语更是前所未有的活跃,而社会也给予了新词语前所未有的关注,这从教育部国家语委公布年度新词语的举措已然可知。研究、引导和推荐新词语,是语言学者的职责。近些年来有关新词语的研究成果不少,新词语的特点和界定,新词语的来源、发展和消长,新词语的规范,新词语和社会生活的关系,新词语词典的编纂等各方面都有新的发现。但由于新词语的不断涌现,引导、推荐新词语的服务空间仍比较大。

1. 应加强新词语的规范服务

由于新词语出现极为迅速,大量新词语得不到及时规范。目前,一部分新词的不规范语音对现代汉语语音系统构成了挑战。如音译外来词、字母词等的大量增加,对汉语词汇的既有系统也产生了较大的冲击。尤其是近十年来网络的应用与普及,许多网络新用语已进入人们的生活中,使我们的语言生活产生了一些新的变数,有的未必真正符合语言生活的内在规律,需要加以引导。

目前,学界普遍的态度是对新词语的规范不能实施一刀切。如国家公文、教科书、重要媒体新闻发布,由于其本身的严肃性,不适合使用新词语,尤其是那些发展初期的新词语。而在日常私人交流或是网络沟通时,使用新词语则相对随意。所以,要根据不同的要求层次来规范引导新词新语。另外,语言文字的规范标准一旦确定,在一定时期内就具有较强的稳定性。但由于语言文字不是一成不变的,新词语的大量涌现,再加上新词语所表现出的新特质,使得我们对新词语的规范不能一成不变。国家语言文字工作部门和语文研究机构有义务关注语言文字的变化发展,不断修订和确立新的规范标准,定期予以公布,使新词语的规范能够与时俱进,能起到一个引导、维系和推动的作用。总之,如何规范新词语,各领域的具体标准是什么,需要语言学者不断探索。

2.加强新词语的收集、整理、出版等方面服务

随着中国市场经济的迅速发展,特别是信息文化的突飞猛进,人们对新词新语的知识需求日渐急迫。新词语的显现和隐退、竞争和淘汰,都是在实际生活中自发进行的,一般不能靠行政机关的一纸公文来规定或撤销,只能依靠语文工作者对它们进行密切观察,收集、整理、研究,然后通过词典编纂或修订的方式来引导和推荐。

近年来,在新词语的收集、整理、出版方面,已经取得了不少成果。据李宇明(2008)介绍,截至 2008 年,据不完全统计,我国出版的汉语新词语词典至今已不下 40 部,而这个数据还在逐年增加。

虽然取得了一定的成绩,但新词语的遴选、出版实际仍有一些需要改进的地方,新词语词典虽然数量较多,但有的失之于严,有的失之于宽,释义方面也有待加强,一些新的领域的引导服务还需要特别得到加强才行,例如,随着汉语热的兴起,国外汉语学习者和来华学汉语的留学生人数在逐年增加,他们在学习汉语的过程中,难免会遇到新词语,这些新词语往往是综合性的语文辞书尚未收录的,而现有的汉语新词语词典又不适合外国学习者查阅。这样看来,一本专为外国学习者"量身定做"的新词语词典就显得很有必要了,一方面可以方便留学生查询和学习汉语新词语,弥补普通语文辞书收词的不足;另一方面亦可为对外汉语教材的编纂、对外汉语词汇大纲的更新提供参考。但目前,我们在这方面做的工作还不够。

(三)搜狗新词及相关领域的服务

新词语服务也有商机。当有人还在质疑新词语的时候,有人却利用新词语的服务功能,以新词语为突破口造就了一个输入法的传奇并创造了很大的市场空间,这就是被大家所熟悉的搜狗拼音输入法。

搜狗拼音输入法出现的时间并不长,2006 年 6 月 5 日才推出第一版公测。而彼时的输入法,已经进入了一个群雄角逐的时代,但令人惊奇的

是搜狗拼音输入法竟然后来居上。第一版公测仅半个月,搜狗拼音输入法就获得网民的广泛好评与支持。广大网民一致认为,搜狗拼音的设计立足网络,服务网民,性能更加可靠,功能更加先进,是一款真正意义上的"网络时代的拼音输入法"。

搜狗输入法能在输入法的角逐中胜出,其重要原因就在于搜狗注意到了"新词语"这一制胜的法宝。通过对海量互联网页面的统计和对互联网上新词、热词的分析,使得首选词准确率(即候选的第一个词就是要输入的词的比例)领先于其他输入法。搜狗拼音输入法将搜索引擎当中的新词、热词与词库打通,"动态、新鲜、开放"等特性使搜狗词库与传统词库相比有了质的飞跃:通过采用搜索引擎的热词、新词发现程序,源源不断地发现几乎所有类别的新词、常用词,并且及时更新到词库里面,这些新词、热词自动合并到用户的输入法中,使得最新产生的词汇能够便捷打出,使用户与时代同步,永不落伍。这对于热衷网络的用户而言极为适用。

另外,搜狗每天的新词提示也成为用户获取信息的一个重要途径,因为,很多看似简短的词语背后,都有一个当时备受关注的新闻事件。搜狗的新词提示可以让网友了解更多各方面的信息,同时也可以满足现代人尤其是年轻人猎奇、娱乐的心理倾向。事实上,谁能把客户吸引来,谁就是赢家,在网络如此普及的时代,"得网络者,得天下"。

清华大学(计算机系)—搜狐搜索技术联合实验室算过一笔账,搜狗输入法让中国人打字速度提升了一倍多,按节省的社会平均劳动时间计算。除此之外,目前,凭借输入法的良好口碑和绝对优势,搜狗搜索已经成长为中国很有影响力的搜索引擎。而这些成绩,毫无疑问有一大部分要归功于新词语的效应,归功于与时俱进、不断更新的搜狗词库。

当然,搜狗新词除了带给搜狗公司巨大的发展力之外,也可以为教育部、国家语委公布的年度新词语提供可靠的信息,如可以通过查询日志的方式跟踪新词热词的出现时间等,这对确定新词出现的时间是大有裨益的。

第四节　基于语法的语言服务

与同为语言要素的语音、词汇和汉字相比,基于语法的语言服务,就其现状而言相对比较薄弱,有些领域虽已有相当的基础和成就,但还不能满足语言生活的实际需求,可以说基于语法的语言服务具有较大的发展空间。当然,作为语言要素之一,语法服务必然与其他语言要素——语音、词汇、汉字等共同参与到语言服务中来;另一方面,作为语言服务的项目之一,语法服务也必将渗透到各个领域中去。

基于语法的语言服务主要包括以下几个方面:一是语法规范及其运用;二是专门领域中的语法服务,包括语种间的语法对照服务,以及人机对话中的语法服务;三是对一些语法格式在市场环境中的服务应用与推广。

一、语法规范及其运用

(一)语法规范的服务空间

目前现代汉语语言文字规范的相关规定,对文字、拼音、语言面貌等关注较多,但对语法规范关注较少。《咬文嚼字》所公布的"十大语文差错"中,大部分为文字和词汇的误用,语法误用较少。2008 年度"十大语文差错"未涉及语法使用差错,2009 年有 1 条,为量词"位"的误用,2010年有 1 条,为"无时无刻"在肯定句中的误用。其中的原因有两个:一是文字和词汇的误用比语法的误用更为显著,更容易被人发现;二是人们对于语法规范的认识是模糊的,或者说对语法规范的重要性认识不够。

1951 年吕叔湘、朱德熙在《人民日报》上连载的《语法修辞讲话》开创了现代汉语语法规范化的先河。据统计,该书共出现病例 1112 个,其中"属于语法方面的病例有 658 个"(陆俭明、马真 1999)。近二十年来相关论著有于根元(1999)主编《实用语文规范知识小词典》,吕冀平(2000)主编《当前我国语言文字的规范化问题》,李行健、余志鸿(2009)主编《语法病句辨误 100 例》,李行健(2010)主编《现代汉语量词规范词典》等。在一些行业领域,有少数论著涉及语法规范,如中央文明办、国家市场监督管理总局、国家语委(2008)主编《商标、企业名称、广告——语言文字应用规范指要》,周奇、杜维东(2008)主编《现代新闻出版编校实用手册》。还有一些学者从语法角度讨论立法语言的规范化,如刘红婴(2002),娄开明、陆俭明(2009)等。

吕叔湘、朱德熙(1951)在《语法修辞讲话》的再版前言中提到,该书"有些论断过于拘泥,对读者施加不必要的限制"。这事实上是语言文字规范的通病,尤其是语法规范。要避免规范过度,有两个对策:第一,要做到不太过拘泥,接受变化,对新的语法现象不可妄下断言,对其应进行科学描写,并进行跟踪观察,如近年来,学者们对新的语法现象,如"副十名"、动宾结构动词加宾语、"V-把""被十V"等一些新语法现象进行研究。如果观察和研究充分,我们也可以进行"新语法现象"的发布。第二,语法规范不搞一刀切。对法律法规、官方文件、合同条款、中小学教材、对外汉语教学教材等要从"严",而对新闻语言、文学语言、网络语言,要从"宽"。

语言只有在运用中,其规范才能发挥作用,我们一方面制定语法长编,另一方面也要对当前的语言生活进行观察和监测,指出其不合规范之处,当然此类应用服务与语法规范的研制是息息相关的,语法规范越明确越细致,语言生活越有章可循,相应的应用服务效率也越高。同样,应用服务的成果反过来会检验并促进语法规范的可操作性。已有语法规范成果相对于语言生活的发展来说,是远远不够的,即语法规范仍有较大的服务空间等待我们去挖掘。

(二)语法描写与语法长编

美国描写主义语法学派是在研究印第安语的过程中逐渐形成的,他们对印第安语的语音、语义和语法等语言要素进行记录和描写。进入20世纪50年代后,生成语法、认知语法、类型学等研究方法受到了更多人的关注,但是作为语言研究的基础,对语言现象的"描写"是不可或缺的,描写不清楚、不细致,直接影响分析和解释的准确性,这种"描写",语法是其最重要的组成部分,在描写语法学派那里是有着非常重要的服务目的的。

从明末清初来华传教士开始,中外学者对汉语语法展开研究,现代汉语语法的研究取得了长足进展,但是一直以来,学者们多关注局部的语法现象,缺少一本语法长编,即对汉语语法系统性的全面描写,对以往语法研究进行总结的著作,张斌(2010)主编的《现代汉语描写语法》弥补了这个缺憾。这是国内第一部现代汉语描写语法专著,全书共 200 多万字,受到学界的普遍关注。

在方言语法方面,有学者建议每一位语言研究者都应撰写一部自己母语方言的参考语法,目前学界已经着手从类型学角度展开多种方言参考语法的撰写工作;在少数民族语言方面,20 世纪 80 年代出版的"少数民族语言简志丛书"对 55 个少数民族语言语法进行了描写,2007 年由孙宏开、胡增益、黄行(2007)主编的《中国的语言》出版,包括了 56 个民族使用的 129 种语言,对其语法的描述也更为详细。由戴庆厦总主编、中国社会科学出版社出版的"中国少数民族语言参考语法系列丛书"已出版了《景颇语参考语法》(戴庆厦 2012)、《基诺语参考语法》(蒋光友 2010)等十余种,受到语言学界的普遍关注。但相对于普通话语法而言,方言语法和少数民族语法的描写还有较大的挖掘空间,需要学界进一步重视。

我们在讨论语法描写和语法长编的研制时,不止限于对汉语语法进行描写,也应对其他语言进行描写,或者及时了解其他语言语法描写的最新成果,这是具有战略意义的。不少语言学家都曾从事相关工作,如美国描写主义语法的代表人物布龙菲尔德就曾在 20 世纪 40 年代为美国国防部编的《俄英词典》撰写俄语语法的简介(冯志伟 1999)。

(三)教学语法与语言教育

随着中国经济的崛起,全世界学习汉语的外国人越来越多,据教育部统计:"2014 年共有来自 203 个国家和地区的 37.7 万余名各类外国留学人员在 31 个省、自治区、直辖市的 775 所高等学校、科研院所和其他教学机构中学习"①,汉语国际推广事业中的语言服务问题包括语法服务受到越来越多人关注。

吕叔湘曾在《实用现代汉语语法》(刘月华等 2001)的序言中谈道："这几年我很看过几本讲现代汉语的语法的书,得到一个印象是这些书的读者对象不明确,不知道是为谁写的,好像是谁都可以看看,看了都多少有点收获,但是谁的收获也不大。因为它既不能在理论上有所贡献,又不能在实用上有所裨益。"这提醒我们考虑语法服务时,必须明确教学对象,比如区分面向教师、面向教材和面向学生的语法服务。

1. 面向教师的语法服务

主要指教师教学用的语法参考。由于国际汉语教师队伍日渐庞大,一些人未经过专业的语言学训练或语法知识储备不足,这都需要有经验的老师和做语法本体研究的人为他们提供语法服务。此类读物也可供具有汉语高级水平的非汉语母语学生阅读。目前可作为教师参考的语法著作主要有吕叔湘(1982)主编的《现代汉语八百词》,刘月华、潘文娱、故韩(2001)的《实用现代汉语语法(增订本)》,彭小川、李守纪、王红(2004)的《对外汉语教学语法释疑 201 例》,卢福波(1996)的《对外汉语教学实用语法》,齐沪扬(2005)的《对外汉语教学语法》,张宝林(2006)的《汉语教学参考语法》,陈如、朱晓亚(2010)的《汉语常用格式 330 例》等。我们认为这一类中做得较好的是刘月华等(2001)和彭小川等(2004),前者系统性强,分析详细,使用者可以从书中获得较大的信息量;后者针对性强,讲解清晰明了并配有练习,是真正从教学角度出发的语法参考。

总体来看,目前面向教师的教学语法服务,仍有较大的发展空间。首先是随着教学的不断深入,一些语法问题会得到更进一步的解释;其次,根据目前国际汉语推广的形式,我们仍需要在实用性上下功夫,以区别于汉语本体语法研究对语法现象的解释。理想的汉语教学参考语法应为:语法点、语法点的讲解注意事项、易混淆语法点的辨析、学生学习该语法

① 2014 年全国来华留学生数据统计. 教育部网站:http://www.moe.edu.en/publicfiles/business/htmlfiles/moe/s5987/201503/184959.html.

点容易犯的错误和配套练习。这需要汉语教学一线教师和汉语语法本体研究者共同努力,相互借鉴。

2.面向教材的语法服务

应包括语法点的选取、语法点的难度排序等研究,为教材科学编写提供支持。教学语法点的选取与排序一方面与语言自身的规律相关,同时也与学习者的习得规律相关。

一些学者从理论方法上进行探讨,如吕文华(2002)、周小兵(2004)、卢福波(2005)等,此外,相关文献还有刘月华(1987)、杨继洲(2000)、杨德峰(2001)、李晓琪(2004)等。

一些学者针对一些具体问题进行研究,如助词"过"、反身代词、数量表达、比较句、"把"字句、"被"字句、存现句、话题句等的习得规律和难度排序问题。但相比而言,此方面的研究还比较薄弱,亟须加强。

3.面向学生的语法服务

这方面的语法服务应具有以下几个特点:清晰易懂,配有例句支持,并有相应的练习及解答;分级语法服务,指出在某个阶段应掌握哪些语法项目,并且针对学有余力的学生设置延伸项目;可适当指出学生容易产生的偏误,以做警示;多语种对照的语法服务。现有的一些较好的汉语教学语法书,只有汉语和英语的版本,如能有多种语言对照的版本,就更方便学习者进行参考了;针对 HSK、AP 汉语项目及 SAT II 等考试的专门语法服务,根据对以往题目的分析,配备模拟题及详细的解答,这必然建立在我们对各国的汉语考试具有全面而深入了解的基础上;可在人机对话上下功夫,争取实现界面友好的、方便学生随时参考的语法成品的服务。

以上我们讨论的都是汉语教育的问题,在外语教育方面,我们同样要提供语法服务,包括面向教师的、面向教材的和面向学生的,当然我们可以吸收该外语语种语法教学与研究已有的成果。更重要的是我们对外语教育的语法服务应具有针对性。美国提出了"国家安全语言法案",在此基础上于 2006 年启动了关键语言项目,不仅邀请中国和埃及教师帮助美国学生掌握汉语和阿拉伯语这两门关键语言,同时对国内开设相关语言教育的学校和学习关键语言的学生进行资金支持。2007 年美国国务院、教育部、安全局等主导的"星谈计划"启动,旨在对高中生和中小学任职的外语教师提供免费资助,这一计划也是向汉语和阿拉伯语倾斜。我国的语言政策也应有从国家安全层面考虑的规划,而我们的语法服务要同时考虑国家安全及发展需要。

至于以母语为学习对象的语言教育,其教学语法方面的服务也是有很多工作需要我们去做的,这里不再一一论及。

二、专门领域中的语法服务

(一)语种间的语法对照服务

从翻译产业角度来看,翻译人才通常具有较高的外语水平,但我们也发现,一些由外语翻译而成的汉语句子或篇章,语法错误频出,阅读起来不仅拗口,而且影响理解的准确性;另一方面,由于翻译产业在国内尚不太成熟,具有翻译资质的公司其水平也良莠不齐。因此,语法服务在翻译产业方面,应从两个角度入手:一是为其他语言翻译成汉语提供汉语语法支持,为常用短语、句型甚至篇章的翻译提供范例,并对常见误句进行分析;二是为汉语翻译成其他语言提供语法支持,此类服务为多语种,同样是常用短语、句型甚至篇章的翻译范例,并对常见错误进行分析,如琼·平卡姆(2000)专门针对翻译中常见的中式英语的倾向给予了分析批评。

考虑到翻译内容的多层次性,我们可以分类进行语法服务:(1)一般翻译公司所翻译的内容具有一定程式化的特征,如无犯罪证明、亲属关系证明等,语法服务可以结合词汇服务,提供现成的翻译样本;(2)产品介绍和产品说明的翻译,可提供常用的句式及结构;(3)合同等专业文件翻译的语法支持;(4)会议类、会展类文本翻译的语法支持;(5)其他专业领域文本翻译所需的语法支持。

总的来看,翻译内容的分类越细致,语法服务越有针对性,也越有效。这要求语法方面的研究者不仅要和翻译界人士紧密合作,同时也要加强和专业领域人士的联系与合作。

(二)人机对话中的语法服务

随着网络的应用与普及,人机对话中的语言服务需求越来越广泛和迫切,中文信息处理的应用涉及机器翻译、信息检索、信息提取、文本自动分类等领域。近年来,中文信息处理取得了很大的进步,在语法服务方面也有相应的一些表现。

1.基础研究领域

在基础研究领域,有两方面的工作特别引起我们的关注,即中文分词及词性标注和语言知识库的建设。

(1)中文分词及词性标注

目前国内有词性标注的语料库有国家语委现代汉语语料库、北京大学计算语言所《人民日报》标注语料库、富士通研究开发中心信息技术研究部开发的"汉语词性标注语料库"等。中文词语切分和标注准确率往往都在90%以上,但错误率仍较高,直接影响自然语言处理的准确度。(俞士汶 2003)分词和词性标注是中文信息处理的基础,广泛应用于机器翻译、自动摘要、自动校对等各个方面,需要进一步提高准确度。

(2)语言知识库

北京大学计算语言学研究所建成综合型语言知识库,其主体部分有6个语言知识库,其中就包括(1)《现代汉语语法信息词典》,现扩充为8万词语,360万项语法属性;(2)汉语短语结构规则库,含600多条语法规则,主要描述词类与词类之间的组合关系。此外还有现代汉语虚词用法知识库。(俞士汶等 2011)这些语言知识库正是建立在语法学者前期研究工作的基础上。语言知识库的建立为中文信息处理奠定了坚实的基础。

2.应用领域

在应用领域,机器翻译、自动校对以及中文信息处理在教学中的应用软件都取得了不错的成绩。

(1)机器翻译

从方法上看,有基于词的翻译、基于短语的翻译,也有利用上下文信息的统计机器翻译,机器翻译的质量在不断提高。目前供普通用户使用的机器翻译软件有金山快译、Google 翻译等,但准确率仍然不高,其难点主要有语义的计算以及歧义的消解等。

（2）自动校对

中文自动校对目前使用的主要方法有:利用文本上下文的字、词和词性等局部语言特征;利用转移概率对相邻词间的接续关系进行分析;利用规则或语言学知识,如语法规则、词搭配规则等。一些商业性的校对软件如黑马校对系统、方正金山校对系统在出版界得到一定程度的应用,但准确度仍然较低。（张仰森、俞士汶 2006）

（3）教学中的应用

储诚志《中文助教》软件已经做了很好的尝试,在这一软件中,可以实现"给课文加注拼音、生词生字查找、词表字表注释、汉字繁简转换对照、字词分布索引、字词频率统计、生词密度和重现率标示、字词 HSK 等级和常用度标示、新词旧词关联、词语随文注音翻译、课文改换顺序、词表字表项目的选择和排序等等"。（王飙 2006）但目前,还没有供学习者使用的语法助手,需要进一步研究与开发。

中文信息处理还有很多实际应用的领域,如文本的分类、文摘的自动提取等,但这是一个综合领域,需要语言学者与脑科学、认知科学、数学等领域的专家共同协作。语法处理居于其中的核心地位,其服务质量的高低很大程度上决定了中文信息处理水平的高低,值得我们认真对待。

三、一些语法格式的市场服务观察

一些语法格式在市场服务方面具有较为突出的优势,包括广告语言、大型活动的理念口号、新闻标题、商用服务语言等。以下,我们将分别讨论句法格式的利用,以及句子语用类型的利用。

（一）句法格式的利用

1. 广告语言中的句法规律

在句法格式的利用方面,我们需要继续深入探讨的是:第一,对已有广告语言中的句法格式进行分析,尤其是一些成功的广告语言,我们应对其优势成因进行分析,使之成为可供参考的语言服务信息。第二,对潜在的句法格式进行分析和挖掘。由于广告语言往往具有简练但言外之意丰富的特点，广告主希望在看似简练的广告语中传达更准确更多的信息，达到广告传播的目的。那么，自然有一些有多重理解的短语或格式有可能受到广告主的青睐。基于此，我们可以对潜在的可作为广告语的句法格式进行发掘，满足广告业求新求变的要求。

根据屈哨兵（1997）的研究，在广告语言中有以下几条突出的句法规律：第一，单句的优势类型为主谓句，且其中动词主谓句占绝大多数；第二，肯定句、主动句、短句和直陈句的使用占绝对优势，这与句式理解、记忆的难易程度相关；第三，复句的优势类型为无标记复句。无标记复句中，以因果关系、假设关系和条件关系居多。我们认为这些特征带有普遍意义，但仍需对广告语言进行跟踪观察，并且继续深入研究。具体来说：

第一，从词的角度来看，一些词出现的频率较高，成为多家品牌的共同选择，包括实词和虚词。如：动词"改变"：品质改变世界（三一重工）；移动改变生活（中国移动通信）；真爱改变你的世界（雷克萨斯）。副词"更"：开米，安全更健康（开米）；闪耀吧，更美的自己（丝蓓绮）；享受更多更FTT你心（广汽飞度）；极致呵护，瓷白美肌更轻透（兰蔻）。

高频出现的词语有些具有跨行业的普遍性，有些有行业差距；有些在历史层面上具有普遍性，但有些具有鲜明的时代特征，反映了某一段时间的语言特点和市场诉求。这都需要我们进一步进行研究。

第二，从短语层面来看，广告语言非常丰富，涵盖了短语的各大类。但相对来说，偏正短语和述宾短语出现的频率最高，而主谓短语和连谓短语较少。例如：偏正短语"超凡驾驭魅力"（Acura 汽车）；述宾短语"突破科技启迪未来"（一汽大众 Audi）；联合短语"至静至柔至爱"（卡萨帝复式滚筒洗衣机）；述补短语"好酒喝出健康来"（古越龙山）；主谓短语"百年中行全球服务"（中国银行）；连谓短语"幸福味道用爱烹调"（欧派）。

第三，从单句层面来看，从句型角度来说，主谓句居多，非主谓句较少，而且在主谓句中，以动词性谓语句最多，其次是名词性谓语句，形容词性谓语句较少；从句类系统角度分析，陈述句较为普遍，祈使句、感叹句和疑问句较少；从句式角度来看，这些特殊句式在广告中出现并不普遍，可以看到比较句(迪奥 DiorVⅢ腕表系列:简约高于一切)、"把"字句(小狗吸尘器:把春天吸回家)、双宾语句(碧桂园给您一个五星级的家)、兼语句(斯巴鲁:有一种风格是 XV),但"被"字句、存现句、联动结构都非常少见;从肯定和否定的角度来看,肯定句居多,但也有否定句,如:不跟随,表自己的白(Nokia 手机);没有买卖,就没有杀害(野生救援);荣誉之上不止步(沃尔沃 S60)。

第四,从复句层面来看,并列关系、连贯关系、因果关系、条件关系、假设关系、转折关系较常见,相比之下,选择、递进、目的、让步等关系的复句较为少见。其中无标意合复句和紧缩复句占有相当比例,这与广告受经济因素制约、强调精练有关。

2.优势广告语的跟踪考察

一些广告金句在推出之后,市场证明了其传播的有效性,出现了较多的仿制句。如屈哨兵、刘惠琼(2009)对"今天你 V 了没有/吗"进行了跟踪研究,认为这一广告语成为优势句主要有"询问、习惯、时间、称呼、省略"等几方面的成因,其同类传播已经突破饮品的范围,涉及服务行业、网络游戏、文化教育等多个领域。

此外,还有一些句式有成为优势广告句的趋势,如:"让"字句、"不是所有/每……都……""越……越……""有……有……""为＋0＋VP"等格式已被多个领域的广告所采用。需要我们进一步跟踪考察。

当然,一些优势广告句在被多次仿制之后,该优势格式本身的优势特性也遭到了磨损,其传播有效性也就大大降低了。如一些句式已被评为"最恶俗的书面语",其优势也就趋于消弭了。

(二)句子语用类型的利用

1.商业环境中语用类型的利用

在一些语用情境中,其对话具有一定的可预估性,或者说具有一定的模式性,通常认为是通过词汇手段来完成既定的交际目的。值得注意的是,特定语用情境中的句法格式也具有相当的规律性,需要我们进一步研究和总结,这不仅有利于商业及职场的工作人员迅速掌握相关情境下的语言要点,提高沟通的有效性,同时也会减少不必要的误解和纠纷。这在一些公共服务行业效用更加明显。例如:为达到"建议"这一语用目的,我们可使用多种句法格式。首先可以借助动词直接表达个人看法,如"认为""觉得""看""说"等;也可以在句首使用以下一些虚词及相关结构,如"要不然(的话)""不然(的话)""不如""不妨""要不""要么""或者""还是"。还可以在句尾加上"好了""吧"。这几种方式还可以共现,共同表示"建议"。如:

(1)我看还是你去吧。

(2)要不然你去好了。

(3)我看你去好了。

再如在"吁请"的语用环境中,其句法格式呈现以下规律:

A.一般祈使句,句尾可加助词(吧)。"请+某人+VP"或"让我们/大家 VP(吧)"。

B.多使用单音节动词重叠式或双音节动词 ABAB 重叠式,常用副词"就",句尾多用助词"吧"。如:帮帮我吧! /救救孩子们吧! /你就照顾照顾他吧!

C.某人+V 一下 O(吧),(S)VO 一下(吧)。如:你帮一下我吧! /帮我一下吧! /你帮我一下吧。

我们可将常用语用场景中的句法格式总结为表 1-1。

表 1-1 常用语用场景中的句法格式举例

语用场景	句法格式
建议	a.认为、觉得、(我)看、(我)说 b.要不然(的话)、不然(的话)、不如、不妨、要不、要么、或者、还是 c.好了、吧
要求	(请)务必+V、非+V+不可、必须+V
	请勿+V、请不要+V、禁止+V
询问	a.(请问)+带疑问词的疑问句(问原因:为什么、怎么;问地点:哪儿、什么地方;问时间:什么时候、哪一年、几月、几日/号、星期几、几点、几分;问方式:怎么;问性状:怎么样;问人:谁、哪位;问物:什么;问动作行为:做什么、干什么) b.正反问(VP 不 VP? VP 不? VP 没有?) c.选择问:(A 还是 B? 是 A 还是 B?)

续表

语用场景	句法格式
说明	大小：高/长/宽＋数字＋度量衡单位 地理位置：参照点＋以＋单音节方位词＋数词＋米/公里、靠近＋参照点、在＋参照点＋附近/旁边/左边/对面等 途径：往＋方向＋VP、向＋方向＋VP、经＋处所＋VP 性能：有、具有、可以、是 程序：先、然后、再、最后 成分：含有、无、不添加、不含 特点：a.快：迅速、快速、×间、即刻、马上、顷刻 b.少量：少、只、仅、不超过、至多、最多 c.程度高：超、无比、够、更 d.多量：多达、至少、最少 e.持续：始终、一直、永、永远、仍然、还是
吁请	a.(请 S)VO 或让我们/大家 VO(吧) b.多使用单音节动词重叠式或双音节动词 ABAB 重叠式,构成"(请 S)VVO(吧)"句式 c.(S)V 一下
磋商	阐述本人或本方观点(见建议栏)
	询问对方意见： a.看、认为、觉得、说……如何？怎么样？好吗？可以吗？行吗？ b.……不知您/贵方意下如何？
回应	积极：略
	消极： a.不这么认为/看/想、不同意 b.承接话题后转换话题,正面评价对方观点,用"但是""其实"等引出个人观点(见建议栏) c.转换话题,直接提出个人观点(见建议栏)
	中性应答：嗯、好、好的、真的

2.职场语用模式

在职场中,其语用模式也和语法密切相关,例如：

(1)请领导抓紧落实。

(2)我已经完成了所有灾区采访与视察,现在疲惫不堪,几夜没怎么睡觉,灾区条件无疑也是很恶劣,但在我身上,心里有太多太深的现场感受。

(加藤嘉一,微博,2011－04－13)

例(1)显然是不恰当的,因为"落实"的施事为下级或弱势者。例(2)

是日本籍时事评论家加藤嘉一在微博中的发言,发布后很多网友指出"视察"使用不当。汉语中"视察"的施事通常是上级领导,加藤嘉一不具备这样的身份,因此"视察"一词的使用是不妥当的。

由此可见,职场语用环境也有其句法模式和句法规律。以动词为例,一些动词的施事为上级及强势者,如:安置、颁布、发布、吩咐、教训、接见、考验、命令、派、批准、任命、审批、视察、体恤、慰问、允许、要求、指导、指挥、指教、指示、准许等。

一些动词的施事多为下级或弱势者,如:反映、贯彻、汇报、落实、请教、请求、请示、申请、听从、违背、违反、响应、执行、遵照等。综上所述,基于语法的语言服务在语法规范及其运用、翻译领域和人机对话领域以及一些语法格式的市场服务方面都有较大挖掘空间,虽然这些领域都已有相当成果,但在深度和广度以及针对性上还存在明显不足,亟须从事语法研究的人真正从服务的角度入手来进行思考。

第五节 语言服务资源的发展前景

人类对语言的认知经历了很长的历史阶段,语言问题观向语言资源观的转变使人类认识到语言不仅是工具、问题,更是重要的国家资源,它不仅可以创造文化红利,而且可以产生巨大的经济效益。近些年来,"语言资源"问题越来越受到各界的高度重视,伴同语言资源产生的语言经济、语言消费、语言服务、语言职业等相关课题也得到普遍关注。随着人们对语言资源及相关问题认识的不断深化,语言服务资源的发展前景显得越发有吸引力。

一、语言服务资源的发展趋势

(一)语言服务资源的多样化

屈哨兵(2012)认为:"语言服务的业态是指语言服务事业表现形态。根据我们的初步清理,语言服务的业态大体上可以分成四种:语言服务产业、语言服务职业、语言服务行业、语言服务基业。"其中语言服务基业包括语言资源的开发与利用和语言规划。语言服务产业是指以语言服务作为生产和经营手段的事业。语言服务职业是指通过提供语言服务而谋生和创造经济、社会效益的手段,语言服务职业的规模化就形成语言服务行业。

从这个角度看,语言资源服务的未来发展趋势将形成业态多样化的局面。首先,语言服务职业在很大程度上都是自发形成的,例如语言教师、语言翻译师是传统的语言职业。对这种职业的认识显然是在经过相当长时间的实践之后得出的。在个体开发利用语言资源的过程中,还会形成新的语言服务职业。语言服务职业的规模化形成语言产业,如语言翻译已经成为一个显化的产业。随着语言职业的细分和社会对不同类别语言服务需求的增加,同类职业的规模化,就可能形成更多的不同类别的语言服务行业。不同类别的语言服务行业成为生成和经营的手段,就会形成语言产业。而语言职业、语言行业和语言产业的规范运作需要语言基业的建设。这样最终语言服务将呈现出多样化的业态形式,也就是说,语言服务资源将呈现服务业态的多样化。

(二)语言服务资源的多领域化

屈哨兵(2012)认为:"语言服务所能覆盖的领域到底有多宽,目前并没有一个统一的标准,狭义的语言服务通常是指语言翻译服务,广义的语言服务是指所有以语言作为工具或项目内容而开展的服务,具体可以分成语言翻译服务、语言教育服务、语言支持服务、特定行业领域中的语言服务等四大类型。"虽然目前语言服务领域没有一个明确的界定,但是毋庸置疑,语言服务资源业态的多样化必然带来语言服务资源领域的多元化。这是由语言作为人类最重要的交际工具的特点决定的。

(三)语言服务资源的多层次化

屈哨兵(2012)认为:"语言服务大体说来可以分成五个层次:国际层面的语言服务、国家层面的语言服务、族际层面的语言服务、方言/社群层面的语言服务、家庭/个体层面的语言服务。"这显示,语言服务资源呈现多层次化的倾向。

语言服务资源的国际层面,就是在了解世界各国语言服务现状的基础上,制定不同类型的语言服务规划,包括基于本土的国际语言(外语)服务的规划及具体的外语服务领域的设计与实践。语言服务资源的国家层面要解决的主要问题是语言与国家统一、国家安全、国家发展的关系问题。语言服务资源的族际层面要解决的主要问题是国家通用语言的使用与各个少数民族语言的使用之间选择的关系问题。语言服务资源的方言/社群层面要解决的主要问题是国家通用语言的推广使用与汉语方言的选择使用之间的关系问题。语言服务资源的家庭/个体层面要解决微观层次上的语言规划等相关问题。

二、语言服务资源的规划

李宇明(2008)曾指出,由于将语言作为资源看待的意识相对薄弱,对语言资源的保护、开发不够自觉,措施不力,造成了语言资源的严重流失。制定切实可行的语言资源保护、开发措施,已成为当今中国语言规划的当务之急。语言资源的开发最终都要以不同形式的语言服务来呈现,所以语言服务的规划也成为当代中国语言规划的重要组成部分。我们认为,语言服务最终就是开发利用语言资源,从而为人类的生产和生活服务。所以语言服务首先要做好语言资源的规划。从这个角度来说,主要面临两个大的问题:一是语言资源的保护,二是语言资源的开发。语言资源是一种不可再生的资源。语言既是语言的资源,也是文化的资源。保护好语言资源,就是保护人类的文化资源,就是保护人类文化生态的多样性。做好语言资源的保护工作,就是为语言服务准备好开发的资源基础。

语言资源只有通过科学的开发和利用才能为人类服务,所以语言资源的开发必须是有规划的开发。语言资源的开发利用就是通过某种特定方式使语言资源产生经济效益和社会效益的过程。语言资源开发利用的意义重大,关乎国家地位提升和国家安全保障,对保留文化多样性及文化传承意义重大,是汉语国际化的需要,能产生巨大红利,所以语言资源开发利用显得非常重要。我国语言资源开发虽然取得了一定成就,但是仍存在诸如语言产业建设相对不成熟,理论研究亟待深入,法律、制度建设不完善,行为主体职能混乱、责权不清,基业建设缓慢,行业规范标准不全面等问题。这些都需要有宏观的规划,只有如此才能让语言资源更好地为人类服务。

三、语言服务资源在服务业中的前景

语言服务资源在服务业中的前景化是指语言服务资源将在服务业中成为显性服务。语言服务资源在服务业中的前景化主要源于如下两个原因:

首先是语言服务资源的个体需求。随着地球村化程度的提高,包括提升自身母语写作、阅读及口语交流能力的需求,提高自身外语水平,增强跨语言交际、跨文化交流能力的需求,语言类及综合类文化艺术产品的欣赏需求,语言存储、复制、传输、识别、显示等语言处理需求及由此产生的对语言处理技术和设备的需求,命名、广告等语言创意消费需求,语言翻译需求等的不断提高为语言服务资源提供了广阔的潜在市场。

其次是语言服务资源的群体需求。群体需求反映在集体的需求和社会的需求两个层面。集体需求层面的语言翻译需求,命名、广告需求等语言处理需求及语言处理技术和设备的需求,社会需求层面的语言资源保护、开发利用需求,公民语言能力建设需求,语言法治建设需求等为语言服务资源的前景化创造了巨大的空间。

据"易物流网"预测,最有发展前景的行业包括医疗保健(包括心理咨询)行业,其中心理咨询是未来最有前景的行业;文化创意产业是未来最有前景的行业之一,广告、传媒、娱乐、出版、文化创意产业成为有发展潜力的行业;教育和培训行业的潜力巨大,中国的整个培训市场规模接近万亿。可见,语言资源服务的前景化成为语言服务资源的显著特征。

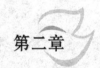

第二章

语言服务业态

第一节　语言服务产业

　　语言不但具有工具属性,为人们的日常交流提供服务,同时也具有商品属性,同其他经济资源一样,也可以产生价值、效用、费用和收益,为人们提供交际之外的各种服务。语言的这种商品属性,在经济生活中发挥着不可替代的作用,而且随着工业化进程的发展和世界经济一体化趋势的加强,更加得以突显,如今在全球范围内已然形成了较大的产业规模。《2009 年欧盟语言行业市场规模报告》[①]显示,2008 年欧盟语言市场总产值高达 84 亿欧元,这一产值将保持 10% 的年增长率,到 2015 年预计达 165 亿欧元。由此可见,语言所创造的经济效益是十分丰厚的。语言服务产业是指以语言服务作为生产和经营手段的一系列经济活动的集合,其产业链条中的核心元素就是语言,它可以以内容、对象、产品等多种方式呈现。语言服务产业的出现,是现代国家在世界大格局变化过程中的一种产业建设自觉,是当代社会发展的一种历史必然。当下信息时代,围绕语言服务所形成的语言产业,总体上可以划分为三个领域,即语言翻译产业、语言教育产业和语言成品产业。

---

　　① 　AdruabeRubscge,NadiaPortera－Zanotti.2009 年欧盟语言行业市场规模报告.中国翻译协会,2009 年 8 月 17 日:http://www.tac－online.org.cn/ch/tran/2010－03/11/content_3413253.htm.

一、语言翻译产业

语言翻译行为,古已有之,但语言翻译在全球范围内形成一定的产业规模,却是 20 世纪后期伴随全球经济一体化和信息技术的发展才出现的。语言翻译产业是指为社会公众提供语言翻译产品或语言翻译服务的一系列经济活动的集合。该产业是将语言作为操作和经营的对象,进行不同语种之间的转换所形成的。

语言翻译产业可以划分为核心、边缘及相关三个层面,其中核心层是指传统的人工翻译服务,包括笔译、口译和手语翻译;边缘层是指以"人机结合"方式所实现的翻译服务,包括软件和网页的本地化、计算机辅助翻译和机器翻译;相关层则是指以研发、生产或销售翻译产品为主导的一系列活动,包括翻译软件与翻译机器的研发与销售、图书翻译、影视剧翻译和翻译培训等。

(一)全球市场概貌

20 世纪 90 年代以来,随着全球经济一体化的深入发展,各国间的经济文化交流日益频繁,语言翻译服务也随之突破国内单一市场的束缚,开始形成全球范围内的翻译产业链。尤其是进入信息化的 21 世纪,语言翻译服务在国际事务中更显重要,全球范围内已然形成了较大规模的产业群。美国卡门森斯顾问公司(Common Sense Advisory)2011 年 5 月发布的调查报告显示,全球语言服务行业市场总产值已达 314.38 亿美元,经济效益十分可观。但如此丰厚的产业利润并非由全球各地区平均分享,其中北美占 49.25%,欧洲占 42.07%,而亚洲仅占 7.43%。可见,全球范围内的翻译市场主要集中于北美和欧洲两地,其他地区还远不能与其抗衡。亚洲地区虽然地广人多,但市场份额不足 10%,显然未占到应有的比例,发展空间巨大。

(二)我国的语言翻译产业

我国的语言翻译产业萌芽于 20 世纪 80 年代,之后随着改革开放的深入发展和全球经济一体化趋势的加强,我国在经济、文化、科技等领域同国外的交往日趋频繁,特别是 WTO 实质化阶段的到来,以及 2008 年奥运会和 2010 年世界博览会在我国的成功举办,极大地促进了翻译产业的健康发展。中国外文局副局长黄友义于 2008 年 8 月在上海举行的第 18 届世界翻译大会上指出,我国在岗聘任的翻译专业技术人员约 3.5 万人,另有数十万人以各种不同的形式在从事翻译工作。另据"2010 中国国际语言服务行业大会暨大型国际活动语言服务研讨会"报道,截至 2009 年 12 月,我国处于营业状态的语言翻译服务企业为 15039 家,所消化的翻译和本地化业务年产值约 120 亿元人民币,约占全球外包语言服务市场产值的 7%[①]。可见,近几年来我国翻译产业获得了快速的发展,但即使如此,现有的产业规模仍远远无法满足国内巨大的翻译市场的需求。

与此同时,我们也应清醒地认识到,由于我国的语言翻译产业尚处在产业发展的起步阶段,整个产业链条的许多方面都不完善,主要表现在:语言翻译市场尚不规范,缺乏统一并有效的行业管理机制、行业准入条件,以及良好的市场竞争环境;翻译机构数量多但规模小,未形成大规模的产业群,整体竞争力较弱;现有翻译人员与实际市场需求缺口较大,且翻译人员的专业水平参差不齐,高水准翻译人才尤为缺乏;语言翻译仍以传统的人工翻译为主,高效、实用的计算机翻译软件的开发尚处在起步阶段;对翻译产品的评估尚不具备统一的测评标准。

进入 21 世纪后,我国对外文化交流和经济往来给语言翻译产业带来了前所未有的发展机遇,但语言翻译作为一种服务产业的重要性尚未得到全社会的普遍重视和认同,其所带来的巨额经济效益尚未得以充分挖掘。因此,业内人士仍任重道远,语言翻译服务市场还需进一步大力开拓。

(三)大型国际活动的语言翻译

随着全球经济一体化的深入发展,各国间的经济和文化交流日益加

---

① 中国语言服务行业进快速发展期 2009 年产值 120 亿中国新闻网,2010 年 9 月 27 日:http://www.chinanews.com/cul/2010/09-27/2558954.shtml.

强,相应的大型国际活动的举办也日渐频繁,比如奥运会、世界博览会、世界杯足球赛等。这种大型国际性活动的成功举办,离不开高效率、高质量的翻译服务,因此催生了巨大的语言服务的市场需求,并可以带来可观的经济效益,值得业界与学界的高度重视与研究。

1.2008 年北京奥运会的语言翻译服务

2008 年北京奥运会期间,为确保前来参赛的 204 个国家和地区的运动员、官员和观众语言交流的顺利进行,中央政府和民间团体都付出了巨大的努力,动用了大量的人力物力资源,提供涵盖 55 个语种的语言翻译服务。奥运会期间的语言翻译服务主要通过以下几种途径得以实现:

(1)翻译公司。奥运会期间,有三家语言服务机构提供语言服务。其中,"元培翻译"提供笔译和口译服务;"英孚教育"为国内裁判、翻译人员及北京奥组委的工作人员提供语言应用、翻译技能等外语培训服务;"爱国者理想飞扬"则为 10 万名志愿者提供语言测试及培训服务。这三家机构都是以语言服务供应商身份出现的,北京奥运会也由此成为首次设立语言赞助商的奥运会,这无疑极大地推动了语言翻译服务产业的发展。

(2)北京奥运会多语言服务中心。该中心位于北京外国语大学,通过电话翻译方式为奥运会工作人员和各代表团成员提供 10 个语种 24 小时值守热线,34 个语种 18 小时值守热线,共计 44 个语种,几乎涵盖了所有奥运大家庭成员的语言。284 名工作人员均为志愿者,绝大部分是北外的老师和学生。

(3)专业翻译团队。北京奥运会首席翻译比尔·韦伯在世界范围内选拔了 111 名顶尖翻译,组建了一支奥运专业翻译团队,为奥运参与者提供专门的口译服务。服务语种涵盖汉语、英语、法语、德语、阿拉伯语、意大利语、日语、韩语、葡萄牙语、俄语、西班牙语等 11 个语种。

(4)志愿者服务。从社会各界所招募的 4000 余名语言服务志愿者,几乎全部承担了赛事场馆的语言服务,较好地填补了专业翻译机构服务领域之外的空白。

北京奥运会期间,我们以志愿者服务等方式提供了大量免费的语言翻译服务,因此尚不能完全从商业的角度去核算语言服务所带动的经济效应,但无可否认这中间蕴藏着巨大的语言服务产业发展空间。据北京外企人力资源服务有限公司统计,北京奥运会期间,体育翻译产值超过7000万元人民币,这无疑是语言翻译服务产业充满活力的一个生动体现。

2.2010年上海世博会的语言翻译服务

2010年上海世博会约有240多个国家或国际组织参加,是名副其实的国际性盛会,也是我国首次立体式、长时间、全方位与国际社会零距离的接触与交流。世博会的成功举办在很大程度上要依赖于高品质的语言翻译服务的提供,这也为我国语言产业的开拓与发展提供了极其难得的发展机遇。世博会期间语言翻译服务的特点在于:

(1)极大的服务需求量。据统计,上海世博会期间我国需要为来自世界各地的7000多万人次参观者、3万多场国际性会议提供优质的语言翻译服务。展品介绍、广告宣传、观光旅游、咨询服务等都需要大量的笔译、口译服务,这种需求是史无前例的,极大地促进了我国语言翻译产业的健康发展。

(2)机器翻译的推进。资讯时代的到来,使得人工翻译在一定程度上无法满足消费者巨大的语言服务需求,计算机辅助翻译和机器翻译无疑具有极大的发展空间。以科技创新为核心的上海世博会也为机器翻译注入了新鲜的血液,比如上海世博网络信息服务有限公司与华建电子有限责任公司利用自主知识产权技术,研发出基于B/S(浏览器/服务器)架构的多语种自动翻译服务信息化平台,消费者可以借此实现网页信息多语种间的互译,极大地方便了网络领域的信息交流。

(3)语言翻译服务赞助商的出现。元培翻译与中国对外翻译出版公司是本次世博会的笔译和口译服务项目的赞助商。世博会语言翻译赞助商的身份,大幅提升了两家公司的品牌影响力,推动了它们在翻译市场的进一步深入发展。

据业内人士估计,北京奥运会期间体育翻译产值超过7000万元人民币,而上海世博会给翻译产业带来的经济效益远大于此,而且世博会带给中国的不仅仅是经济效益,更会促进我国语言翻译产业的市场开拓和内部健康发展。

二、语言教育产业

语言教育产业就是以语言作为商品出售给学习者(消费者),使其能够掌握一门或多门新的语言(方言)而形成的产业,是以营利性语言培训为核心的一系列经济活动的总和,比如留学类外语教育、考试类语言教育、少儿外语教育、对外汉语教育和职业外语教育等。随着世界地球村的逐步形成,不同民族间的交往更加频繁便利,人们外语能力的需求日益增强,这使得语言教育产业在全球范围内呈现出一片蓬勃发展的大好景象,所创造的经济效益非常可观。而且语言教育市场与经济衰退绝缘,即使在经济衰退时期,语言教育产业仍保持稳定的增长率。

(一)全球市场概貌

全球语言教育市场中,不同语种的受青睐程度参差不齐,其中规模最大产值最高的语种非英语莫属。据相关资料统计,全球大约有20亿人在学习英语,到2015年,已突破30亿人,非英语国家说英语的人数是英语国家3倍多。全球英语教育市场的年产值,除去学校和政府培训机构外,仍有高达600亿美元的规模。英语之外其他语种的教育市场,还远不能与其相比,但随着世界多极化格局的加强,外语学习人群的语种需求也日益多元化,外语教育市场的"英语霸权"正在被"第二外语热"和"小语种培训"的逐渐兴起所蚕食。

(二)我国的语言教育产业

1.总体情况

近年来,随着北京奥运会和上海世博会的成功举办,再次激发了国人学习外语的浓厚兴趣,加之我国庞大的人口基数、不断增长的语言消费能力,使得我国的语言教育市场越来越火爆,竞争也愈加激烈。有道学堂与艾瑞咨询联合发布的《2015年在线语言培训行业报告》显示,2014年中国在线语言教育市场规模为 193.8 亿元,比 2013 年增长 23.7%。其中职业人群在线语言教育市场规模为 95.3 亿元,高等职业人群的市场规模为 56.6 亿元,中小学人群为 19.9 亿元,留学人群在线语言教育为 21.6 亿元,学前教育人群为 0.44 亿元。预计未来几年我国语言教育市场将保持高于 20% 的速度增长,2017 年达到 354.6 亿元。但我国语言教育市场中各语种的受青睐程度参差不齐,该报告显示英语和汉语为主要学习语种,分别占比 44.7% 和 28.7%,日语、韩语紧随其后,分别占比 11.4% 和 5.2%,而法语、德语、俄语、西班牙语、葡萄牙语、阿拉伯语等小语种,共计占比 9.8%。在语言学习终端工具的使用方面,智能手机的渗透率较高,目前已超过 PC,成为在线语言学习的第一终端工具,80% 的用户选择通过智能手机方式进行语言学习[①]。

2. 英语教育市场

随着中国经济逐步融入国际经济,社会的发展与变革让人们越来越认识到,英语是当前社会发展与竞争中不可或缺的要素之一,英语能力欠缺的人,将会失去很多发展机遇。与过去以出国和留学为目的而兴起的英语热不同,如今面对新的职业生活挑战和岗位竞争压力,人们开始自觉地迫使自己接受英语教育。于是,庞大的"英语充电"大军形成了规模宏大的英语教育市场,亦即形成了英语教育产业,并极大地吸引了国内外投资者的兴趣。

相关资料显示,我国目前有 3 亿左右的英语学习者,大型英语培训教育机构超过 3000 家,中小型英语培训机构更是达 5 万多家,英语教育服务的年产值已经突破 300 亿元人民币。这一态势还将在诸多有利因素的推动下,在未来的较长时间内继续保持高速的增长。我国外语教育市场利润丰厚,但竞争相当激烈。知名品牌机构就有数家,如新东方、李阳疯狂英语、EF 英孚教育、剑桥英语、环球雅思等。2009 年 4 月,国际教育和信息巨头英国培生集团(Pearson Group),以 1.45 亿美元现金向全球私

---

① 2015,中国在线语言培训行业的饼到底有多大? 36Kr 网,2015 年 3 月 12 日:http://36kr.com/p/220448.html.

募投资公司凯雷集团成功收购了华尔街英语(中国)。这些机构所涵盖的语言教育服务内容也较为宽广,比如各类英语考试、英语交流能力、青少年英语补课类或课外辅导、职业英语培训等,可谓涵盖了英语有益于个人发展和国家、集体、企业发展的各个方面,其中应试英语辅导和外语能力培训还是目前我国英语教育服务语言市场的主流。

在这些机构中,我国民营企业新东方教育科技集团无疑是英语教育市场的最大赢家。该公司成立于 1993 年,截至 2014 年 5 月 31 日,新东方已经在全国 50 座城市设立了 56 所学校、31 家书店以及 703 家学习中心。自成立以来,累计面授学员近 2000 万人次[①]。新东方公布的 2016 财年 Q2 财报显示,其在线净营收 1330 万美元,同比增长 19.4%,付费用户同比增长 215%,累积注册用户 1190 万[②]。

3.汉语教育市场

随着中国综合国力的提升,以及对外交流的日益加深,中国的文化和语言极大地吸引了外国人的注意,并掀起了汉语学习的热潮,一批汉语教育机构也应运而生。但当前的汉语教育市场不论在规模上还是产值上,都远不能跟英语教育市场相抗衡,仍处在产业形成的初期。当下,汉语教育市场主要分为海外汉语教育和国内汉语教育两大市场。

(1)海外汉语教育市场

据相关统计,目前海外学习汉语的人数已经突破一亿,汉语已经成为国际上学习人数增长最为迅速的语言。在很多国家,汉语已经成为仅次于英语的第二大外语。这一庞大的学习人群,必然会催生出一个以汉语教育为内容的语言产业市场。海外汉语教育机构大体上可分为两部分,一是中国政府背景的非营利性机构孔子学院和孔子课堂,二是各国当地的营利性汉语培训机构。孔子学院的建立,标志着我国汉语推广的战略

① 新东方 22 周年寄语.新东方网,2015 年 10 月 19 日:http://wh.xdf.cn/gong-gao/201510/8234562.html.

② 腾讯投资新东方在线,在线教育创业者怎么办? 投资潮,2016 年 2 月 18 日:http://www.investide.cn/? post_type=news&p=251251.

重心由"请外国人进来"到"使汉语走出去"的转变。孔子学院总部资料显示,截至 2014 年 12 月底,全球已建立 475 所孔子学院和 851 个孔子课堂,分布在 120 个国家(地区)。但孔子学院是非营利性教育机构,其宗旨是:增进世界人民对中国语言和文化的了解,发展中国与外国的友好关系,促进世界多元文化发展,为构建和谐世界贡献力量。而各国当地的营利性汉语培训机构尚未形成规模,虽占据部分汉语教育市场,但还远不能跟孔子学院和孔子课堂相抗衡。

(2)国内汉语教育市场

目前国内汉语教育市场的主体由两类机构组成:一是依托高等院校的对外汉语培训中心或机构,比如北京语言大学对外汉语培训、北京师范大学汉语文化学院、暨南大学的华语学院等。二是营利性的民营组织或机构,比如北京的地球村语言培训学校、"汉语世界"教育集团、美国 ACC 教育集团等。这两类性质不同的机构中,依托高校的汉语教育机构占据主导地位,其生源主要是各种类型的来华留学生。教育部统计数据显示,2014 年各类来华留学人员的数量高达 37.7 万余人,他们来自 203 个国家和地区,分布在全国各地的 775 所高等学校、科研院所和其他教学机构中学习。留学生在我国的语言培训费用每年约 1.4 万～2.6 万元人民币,其所创造的年产值将达到 50 亿元人民币左右,预计到 2020 年全国当年外国留学生人员数量达到 50 万,所创利润也将高达 100 亿元人民币。而民营汉语教育机构目前在国内还没有开拓出市场,这也使得国内汉语教育的发展过度依赖政府的投入,无法激发民间机构的热情和智慧,以致市场化运营步伐缓慢①。

(三)语言教育机构的性质和运作模式

语言教育机构的构成性质有所不同,大体上可以分为这样几种:民办外语培训机构,比如"新东方教育科技集团";高校下属的培训机构,比如"北京语言大学对外汉语培训";境外培训机构,比如"EF 英孚教育";中外合资机构,比如"瑞思学科英语";政府背景的非营利性教育机构,比如"孔

---

① 俞敏洪:建议国家支持民间力量参与对外汉语教学. 新浪教育,2010 年 3 月 2 日:http://edu.sina.com.cn/V2010－03－02/1906185637.shtml.

子学院"和"孔子课堂"。

这些语言机构的所有制及资源背景情况各有不同,各有其优势,共同分享整个语言教育产业市场。此外,这些结构的运作模式也不尽相同,彼此各有优劣、相互补充,主要有:

第一,传统经营模式。一些资金不足的小机构所采用的学校型教育模式,依托实体教室与教师,难以扩大规模。

第二,连锁经营模式。各地建立连锁机构,属同一资本所有。比如新东方语言学校,这种模式可以开拓异地市场,从而形成较大地域范围的经营网络,但需要较多资金支持。

第三,特许经营模式。特许经营授权商将其成功的品牌、产品和运作模式传授给特许经营体系中的受许者使用,使受许者获权经营一种早已获畅销的产品或服务。这种方式可以借助受许人在当地的地缘优势,减少资金投入,并可以迅速扩大经营规模,但加盟商要分享其利润,比如 EF 英孚教育。

第四,网络经营模式。通过远程教育、网络课堂等方式对消费者进行语言培训服务,这种模式可以打破地域限制,快速方便,但是缺乏集体学习的语言环境,通常忽视学习者的个性,一对一较难做到,比如戴尔的语言培训学校。

三、语言成品产业

语言成品产业是指将语言加工成消费者所需要的各种成品,并进行营销所形成的产业。在当下全媒体信息时代,最为突出的当数语言信息产业、辞书产业和广告产业。此外,诸如品牌命名、语言文字创意、影视剧字幕与配音等其他多种语言成品,也呈现出较强的发展势头。

(一)我国的语言成品产业

1.语言信息产业

20 世纪 70 年代以来,随着微型电子计算机的引进,我国逐渐形成了一个以汉字信息产业为核心的中国语言信息产业。根据《中国语言生活状况报告(2009)》提供的材料,这个产业由汉字输入法、文字速录、汉字激光照排、汉字字库、机器翻译和搜索引擎6个分支构成。汉字信息处理还未完全实现商业化,很多还处在理论建设阶段。但个别方面已经较好地实现了商业化,可以为消费者提供各种不同类型的语言成品服务。汉字信息处理存在着巨大的语言服务产业市场,这中间语言服务的价值一时还难以估算,但其前景无疑十分乐观。

2. 辞书产业

辞书是语言成品产业的一种非常重要的组成部分。在当下全媒体信息时代,字典、词典等辞书,已经从单纯的工具书演变为"带有各种检索方式的人类全部知识的集合"①,并呈现出纸质辞书、电子辞书和网络辞书三种成品形式。它们不但可以为人民大众语言文字使用的规范化和标准化提供良好的服务,同时也是社会生活发展的真实映照。我国拥有历史悠久的纸质辞书编纂传统,单从辞书品种和发行数量上来看,已迈入"辞书大国"的行列。比如由商务印书馆出版的《新华字典》,已在海内外累计印行5亿余册,可称之为"世界发行量最大的辞书"。但在纸质辞书编纂技术的现代化、大规模语料库和知识库建设、辞书品牌的创立和辞书出版的产业化方面,离欧美真正的"辞书强国"还有不小的差距。我国电子辞书和网络辞书虽然起步较晚,但目前已初具产业规模,由内容供应商、技术服务商、硬件生产商、电信运营商和渠道开发商所构成的新型辞书产业链已基本形成。

3. 广告产业

语言是广告活动中最重要的信息传播载体,广告产业将语言作为加工对象,广告主通过对客户提供满意的语言服务而获取利润。目前我国广告市场已经形成较为完善的"客户—广告制作商—广告媒介—受众"产业链,所创造的市场效益十分可观,而这中间相当一部分是依托对广告语言的成功运用得以实现的。中国产业调研网发布的《中国广告行业发展调研与市场前景分析报告(2015年)》显示,2014年,我国广告经营总额超

---

① 李宇明.努力发展我国的辞书事业——在"汉语辞书研究中心"揭牌仪式上的讲话.中国语言文字网,2007年12月18日:http://www.china-language.gov.cn/11/200822/1_11_3284012019327669166.html.

过 5600 亿元,广告经营单位高达 54 万余户,年增长率 22%,广告从业人员 270 多万人,比上年增加近 10 万人。我国广告市场的总规模目前已位居全球第二,成为全球最重要的消费市场之一①。从全球广告市场来看,美国著名市场调查机构 eMarketer 发布的数据显示,2014 年全球移动广告市场支出高达 402 亿美元,美国仍然稳居首位,移动广告支出达到 190 亿美元。中国移动广告市场发展也十分迅速,2014 年市场规模达到 64 亿美元,是上年的 7 倍,超过英国和日本成为全球第二大移动广告市场。在全球移动广告市场中,谷歌和 Facebook 稳居前两位,其市场份额分别占 40.5% 和 18.4%,而中国的阿里巴巴和百度也不甘示弱,全球排名上升至第三和第四,市场份额分别为 6.2% 和 5.1%,超过了美国微软、IAC、雅虎和 Twitter②。

(二)语言成品举例

语音合成与识别软件是目前语言成品产业中较具代表性的一个例子。微软公司前董事长比尔·盖茨在 2008 年 3 月份的一次演讲中预测了未来十年最重要的技术进步,其中语音识别技术位居第一。在当下网络信息时代,为实现人与机器的有效沟通,对语音进行技术处理至关重要。语音技术主要包括语音合成和语音识别两项关键技术,其应用空间十分广阔,从大型电信级应用到小型嵌入式应用,从电脑、手机、车载到家电、玩具,语音技术正逐渐渗透到我们日常生活的每个角落。

在我国语音技术市场中,成立于 1999 年的安徽科大讯飞信息科技股份有限公司独占鳌头,占据了 70% 以上的市场份额,其拥有自主知识产权的智能语音核心技术代表了世界最高水平。该公司所发布的"讯飞语音云""讯飞语音输入法""讯飞语点"等语音产品得到了广泛的应用,并赢得了较好的口碑。科大讯飞 2012 年 4 月 6 日发布的《2011 年年度报告》显示,该公司 2011 年营业总收入为 5.57 亿元人民币,利润总额为 1.44

---

① 中国广告行业发展调研与市场前景分析报告(2015 年).中国产业调研网,2015 年 6 月 28 日:http://www.cir.cn/R_QiTaHangYe/8A/GuangGaoHangYeQianJing-FenXi.html.

② eMarketer:2014 年全球数字广告支出报告.中文互联网数据资讯中心,2014 年 12 月 25 日:http://www.199it.com/archives/315665.html.

亿元人民币。可见,以讯飞为核心的中文语音产业链已初具规模,我国语音支持服务具有广阔的产业发展前景。2012 年 8 月 1 日,由科大讯飞、华为、联想、中国移动、中国电信、中国联通等 19 家单位联合发起的中国语音产业联盟(Speech Industry Alliance of China)正式成立,该联盟将致力于整合产业资源,推动技术创新,构建健康的产业生态体系,而这必将会大力促进我国语音产业的健康、快速发展。近几年来,科大讯飞的语音产业已经形成了更加完整的产业链,更能从一个角度证明语言产业的勃勃生机。

第二节　语言服务职业

有语言服务产业,就会带来语言服务的职业。语言服务职业层的服务性、自立性和商品性都体现得非常充分。例如语言翻译、语言教师等,都是比较传统的在语言服务职业领域中存在的职业角色。随着现代通信与科技文明的发展,新兴的语言服务职业人群也在不断产生,例如各种语言工程师、语言康复教师、言语矫治师等。另有语言规划师、语言鉴定师、语言纠错师等,其还不具有一种语言职业功能上的稳定性,通常都依附在所在的上位行业之中,能否成为固定的语言服务职业还需进一步开发。

一、传统的语言服务职业

传统语言服务职业包括语言翻译人员、语言教师、家书写手、春联写手、校对员等。这些传统的语言服务职业大多已比较成熟稳定,具备了服务性、自立性和商品性等特点,也有一些职业有衰落或被其他新兴职业取代的趋势。

(一)语言翻译人员

在国际化的今天,以翻译为代表的语言信息服务业迅猛发展,随之而来市场对语言翻译人员的需求量也在不断增加。2008 年北京奥运会及2010 年上海世博会等大型活动的举办更使得语言翻译迎来迅猛发展的大契机,开始将"语言翻译"升级至"语言服务"的高度。

目前各层次翻译人才都比较紧缺,所以现今兼职的语言翻译人员较多,但服务质量参差不齐、工作时间不够固定等原因,导致市场有需要时却无法满足。因此对语言翻译人员这一职业的规划与培训,是当前一个迫在眉睫需要解决的问题。

(二)语言教师

语言教师,主要指的是语言培训行业中的专业教师。语言教师进行各类语言培训,包括外语培训、普通话培训、方言培训和国际汉语教育等。

1.外语培训

我国外语培训的市场容量巨大,目前我国外语学习中最受青睐的语种依然是英语。我国有超过3亿人在学习英语,其他语种如日语、韩语、法语、德语等也在不断升温,形成一条巨大的产业链,随之带来的是市场对外语教师的极大需求。但外语教育培训机构及外语培训教师也面临着巨大市场机遇和激烈竞争,而语言教师的素质和能力是决定培训机构能否占领市场的关键因素。不少学习者在选择语言培训机构时首先关注其语言教师的口碑和知名度。

2.普通话及方言培训

《中华人民共和国国家通用语言文字法》总则第三条规定:"国家推广普通话,推行规范汉字。"随着普通话推广工作的开展,其影响力日趋扩大,普通话培训教师的需求量也在不断增加。以香港地区普通话推广培训情况为例,回归以来,香港和内地各方面交流日益紧密,港人对普通话的接受程度及使用的频率迅速提高,因此普通话培训教师的需求量也在增加。现今香港的中小学必修课程中,普通话学习已成为核心课程。香港各大学纷纷成立普通话培训中心,有专业的普通话教师对学生进行培训。

随着经济发展和交往的增多,方言特别是强势方言也成为人们关注并学习的交际工具,甚至一度出现方言热,这也是社会语言多元化趋势的体现。以粤语为例,随着各地交往越来越频繁,不少其他方言区的人为了交流的方便,自觉学习粤语。如有专业的方言教师进行培训,那学习一定能事半功倍,目前这方面的市场还有进一步开拓的空间。

3.汉语国际教育

随着中国经济贸易的迅速发展以及中国国际地位的日益提升、中外文化交往的不断扩大,国际上已经掀起了一股"汉语热"。很多国家里汉语的地位仅次于英语,一些主要国家学习汉语的人数正以较快速度增长。不过与英语相比,对外汉语教学起步稍晚,教育理念、教育机构、发展规划等均未成熟,有待完善。国家汉办证逐年加大力度选派专家到国外培养汉语教师,并拓展教师来源渠道,建设和完善孔子学院,积极开展国际合作。但我们在看到语言教育行业呈现出欣欣向荣的景象、语言教师已经成为热门职业的同时,也更应该清醒地认识到,目前全球范围内合格的汉语教师极为紧缺,很多国家都面临汉语教师师资匮乏的困境,如澳大利亚、韩国、日本等国家均向中国政府提出需要补充汉语教师的请求。"汉语教师荒"已成为制约海外汉语教学、文化推广的主要瓶颈。

(三)其他传统的语言服务职业

除上述介绍的传统语言服务职业,其他诸如校对员、短信写手、春联写手、家书写手等,这些传统语言服务职业中有些渐趋萎缩,如短信写手、家书写手。

1.校对员

校对工作是出版工作的重要环节,能将错别字、标点符号等各种差错消灭在书刊印刷之前,从而保证书刊的质量。负责校对的校对员,是书刊质量的把关人之一,其综合素质的要求非常高,既要具备过硬的文字语言功底,还要有较全面而丰富的综合知识,更重要的是要有高度的敏锐性和责任心。校对工作大有学问,不仅是在格式规范、文字表述上原本和校对本的简单比照,更重要的是编辑工作的延续和完善,是一种创造性的劳动。比如要克服思维上的定式,按照重新认识事物的"陌生化"方式,只有这样才能确保校对的质量。就这个角度而言,校对这项工作有其明显的专业性和独立性,值得人们去关注。

2.短信写手

一段时间,"短信写手"曾被媒体冠以十大新职业之一。短信写手主要负责编写创作手机短信,包括各种类型的段子。短信写手已经从主要写作文字短信,发展为集文字、图画、音乐于一体的综合创作人。短信写手一般可以分为两类:一类是与公司签约的职业性写手,另一类是业余性的"客串演出者"。

作为特殊"文字工作者",创作短信一般有两个途径:一是来自网上各类帖子;二是靠个人的创造。招聘兼职短信写手的是专门的短信制作公司,每月支付固定工资,还有各大网站招聘"特约短信写手",以完成条数领取"计件工资"。短信写手以大学生和自由职业者居多,完工后发电子邮件给网站即可。

短信写手会有一定的生存空间,但他们的存在取决于内容是否具有创新。否则,尽管手机短信依然火爆,但人们一旦厌倦了千篇一律的路子,"短信写手"将被抛弃,甚至"夭折"。另外,还有短信的著作权的问题。传至网络,未经授权即互相转载。短信的抄袭也非常普遍,即使抄袭也无法界定。因此,专职短信写手已经很难找到了①。随着网络进入大众参与时代,加上新的微信形式的大行其道,他们已成明日黄花。

3. 春联写手

春联是一种独特的中国文化形式。它以工整、对偶、简洁的文字描绘时代背景,表达美好愿望。每逢春节,无论城市还是农村,家家户户都要精选一副大红春联贴于门上,为春节增加喜庆气氛。如今人们多是直接从市场购买印刷的春联,但手写春联同样受人们青睐。手写春联保持了中国传统,加上比较灵活自由,购买者可以根据自己的意愿要求书写。所以这时候"春联写手"十分走俏,有时一个春节收入就过万元②。春联的季节性很强,所以春联写手一般都是兼职人员,专职的"春联写手"似乎不多见。

4. 家书写手

过去曾有以帮别人写家书为职业的家书写手,主要是帮助那些身处异地、希望能与家人联系并向家人讲述自身当前状况,而自己又不能动笔

---

① 薛丽娟. 观察:职业短信写手已销声匿迹. 北青网—竞报,2006 年 3 月 1 日:http://women. sohu. com/20060301/n242059025. shtml.

② 丹灶春联"写手"春节收入过万元. 广州日报,2007 年 1 月 31 日.

写字或者没有文化基础的人群。随着信息时代的来临,家书已经逐渐淡出人们的视野,甚至大多数人已经不写家书而代之以电话或手机短信。时至今日,传统家书写手已逐渐隐退,或者其身份已经转为网络写手、编辑家书短信。但是作为传统文化的组成部分,家书所承载的家族亲情、传统风俗习惯、人际关系等因素是不会被现代化技术所彻底取代的。前几年,费孝通、季羡林、任继愈、文怀沙等数十位文化名人,向海内外中华儿女发出抢救民间家书的倡议,充分表明了传统家书的重要性和对其保护的迫切性[①]。

二、新兴的语言服务职业

除以上介绍的传统的语言服务职业外,随着社会的发展,还出现了一些新兴的、基本定型的语言服务职业,如语言工程师、语言矫治师、文字速录师、网络文字编辑师等。

(一)语言工程师

语言工程师主要是针对计算机语言信息处理产业而产生的职业岗位。语言信息处理一般包括语言的输入(如手写输入、语音输入)、语言的编码存储和语言的加工与处理(如语言检索、摘要,信息提取、理解,翻译等)、语言的输出(如语音合成、排版印刷)等。随着计算机的普及和技术发展,语言文字信息处理技术也进行着一场革命性的变革,同时也催生了"语言工程师"这一热门职业。语言工程师一般是某一语言的研究专家,精通相关语言的语言系统,并熟悉计算机语言,能够收集分析各种语言数据,为信息处理提供语言方面的技术支持。

(二)语言矫治师

语言矫治师主要是针对各类言语障碍者(包括聋哑儿童、口吃人群及其他言语能力受损者)的语言康复教师,是帮助患者恢复语言表述能力的重要人员。与发达国家相比,目前我国在语言矫治人才培养、语言矫治服务质量和学科建设等方面都还存在着巨大差距,相关的法规和标准都亟

---

① 抢救民间家书留住宝贵遗产. 工人日报天讯在线,2006 年 4 月 7 日:http://ent. sina. com. cn/x/2006−04−07/00111041321. html.

待建立和完善。根据 2005 年全国第二次残疾人抽样调查的预调查结果推算,中国约有听力残疾患者 2561 万人、言语障碍患者 858 万人。然而相关数据显示,中国的听力学专业人员仅有 7000 多人,言语矫治专业人员更是不足 100 人,听力和言语康复服务需求仅为 1:3294 和 1:85800。有学者做过统计,中国的语言矫治专业人员尚缺 14.2 万人[①]。因此"语言矫治师"作为新兴职业,在我国人才需求缺口非常大。为此复旦大学拟新增学科专门培养语言矫治师,有望弥补我国在该类专业人才方面的空缺[②]。

1.聋哑儿童的语言矫治

据统计,我国大概有 2000 多万聋哑人,而学龄前听力障碍儿童和聋儿就约有 80 万。科学调查表明,聋哑人中全聋者是少数,聋儿中半数以上有残余听力,能听到一些声音。只要根据耳聋的情况,采取有效措施,就能使多数聋哑人成为"聋而不哑"的有用人才。因而尽早进行语言矫治是聋儿成为正常人的关键。据统计,一些发达国家如美国的聋哑儿童经过矫治后的康复率在 80% 以上,我国公布的官方数字则仅为 24.9%,这说明我国的语言矫治师在这项事业上任重而道远,而港台地区针对聋哑儿童的语言矫治已经比较成熟,如台湾地区雅文儿童听语文教育基金于 2008 年与中国聋儿康复研究中心签署了合作协议,把听觉口语教学法(AVT)推向大陆,引起较大反响。香港则经历了从 20 世纪 60 年代专业语言治疗师的极度缺乏发展到现在的专业化成熟阶段。目前不少香港的语言矫治师在内地开业,为有听力障碍者提供语言矫治服务[③]。

2.口吃者的语言矫治

口吃(stutter)也称"结巴",属于口语的流畅性障碍(fluency. disorder),是一种复杂的语言失调现象,表现为重复说单字、词或语音停顿、拖音等。轻度甚至中度口吃者是可以自愈的,但严重的口吃则需要矫治,而

---

① 专家指中国亟待培育言语矫治师. 中国新闻网:http://www.chinanews.com/edu/2012/08－05/4084179.shtml.

② 复旦拟新增学科培养"言语矫正师". 新民网:http://shanghai.xinmin.cn/msrx/2012/08/05/15767827.html

③ 香港院校欲为国内培养言语矫正人才.北京晚报,2013 年 4 月 3 日

且早期干预所收到的效果比较明显。一般来说,口吃矫治的方法主要有综合性心理疗法和语言能力训练。综合性治疗就是针对患者实际情况,通过建立自信、放松自我、情绪控制、系统脱敏等途径,纠正其对口吃不正确的认识,逐步缓解患者的敏感度并扫除患者的心理障碍。语言能力训练是借助发音法进行言语矫正。学界影响较大的有钱厚心、李成文的发音法,讲究说话发音"轻""柔""缓""慢",改变原来口吃说话的节奏和习惯,从而减轻患者心理负担,使其逐渐减少口吃现象。目前,国内已经成立不少机构专门从事口吃的矫治工作,它们当中有研究所、康复服务中心、口吃矫治学校等,并有较成熟的康复理论、康复教程和设备以及治疗方案,口吃矫治师也成为广受欢迎和就业前景良好的服务职业[①]。

3.言语能力受损者的语言矫治

语言表达功能障碍还包括言语能力受损。言语能力受损是由于大脑的损伤而导致言语功能受损或丧失,属于脑血管疾病或者脑外伤等脑损伤所引起的认知功能障碍。比如我们所熟知的失语症(aphasia)就是比较常见的一种言语障碍。失语症的早期治疗主要采取发音训练模式,即像教儿童发音一样,从最简单的单音字开始学习,逐步扩展到双音节词、多音节词甚或更复杂的短语、句子,使病患者的语言表达能力慢慢得以恢复。在矫治中,除了必要的药物、手术治疗等医疗手段外,语言训练的介入不可或缺。尤其是在患病早期,语言康复训练起到不可替代的作用。以脑卒中后失语症为例,所采用的方法有刺激法(schuell),即通过病患的记忆、思维等活动,以及手势与语言相结合的方式,进行语言的康复训练。目的是采用不同的输入输出方式,刺激患者受损的不同的语言层级,使其语言功能逐步恢复。语言康复训练的过程自然需要语言矫治师的指导和参与。

另外,自闭症人群的康复也需要相关的语言矫治师的专业介入,目前我们在这方面的职业培训及语言服务的质量离实际需要还有较大的差距。

---

① 刘伟.口吃的发病原因及其矫正.中国听力学网,2011 年 12 月 2 日:http://www.chineseaudiology.com/xueke/html/20111122105806.html.

（三）文字速录师

文字速录师是指运用速录设备，从事语音信息实时采集并生成电子文本的人员。他们能运用速录仪器，快速地把说话者所说的话完全记录下来形成文稿，做到"语音落、记录完、文稿成"。根据国家制定的《速录师国家职业标准》，速录师分为速录员、速录师、高级速录师三个等级。速录员对语音信息的采集速度是每分钟不低于 140 字，速录师每分钟不低于 180 字，高级速录师每分钟不低于 220 字，三个等级的准确率都必须达 95％以上。一般而言，正常人说话的速度是每分钟 150—180 字，更快的可达到每分钟 220 字。普通的速记员并不能胜任完全记录下来的重任，但合格的速录师则可以胜任。因此，速录师就是能够让文字随声音"飞行"的专业人员。如今，速录技术已经广泛应用在会议记录、司法系统庭审记录与询问记录、网络媒体文秘记录工作、新闻采访、电视台和电影字幕等工作上。速录师都要依靠专业的工具速录仪开展速录工作，如 20 世纪出现的亚伟速录机。随着速录技术的不断发展，目前市面上已出现多种速录设备，与速录有关的培训和服务行业也如雨后春笋般涌现，速录技术和速录功能也在不断完善中。

文字速录师曾被评为未来十大热门职业，然而目前速录人才只有数千人，并大多集中在北京。据估计，我国的速录师需求在 100 万人左右，人数明显不足，具备速录技能和某领域专业知识的"多面手"速录师更是千金难求[①]。当然，要想成为一名合格的文字速录师，门槛也是比较高的，要考取由人力资源和社会保障部颁发的"速录师职业资格证书"，该证书是语言信息速录工作执业的权威证书。如今一些高校考虑到社会需求和学生就业，已将计算机速录列为新招生专业。

（四）网络文字编辑师

网络文字编辑师是指利用计算机和网络等现代信息技术及相关专业知识，从事互联网网站内容建设的人员。随着互联网的飞速发展，"网络文字编辑师"这个新名词逐渐为人们所接受。目前我国从事网络编辑行

---

① 速录师让文字"音速"飞行. 燕赵都市网，2009 年 4 月 6 日：http://sjz. yzdsb. com. cn/system/2009/04/06/000898381. shtml.

业的人员达 300 多万人,预计未来十年内对网络文字编辑师的需求将呈上升趋势,总增长量比其他各类职位的平均增长量要高。2005 年中国劳动和社会保障部公示的第三批的十种新行业中,"网络编辑师"名列其中。网络文字编辑师应该具备较强的语言文字能力及网络技术能力,他们既不是单纯的语言文字工作者,亦非简单的网络技术人员。所以我们会经常看到这种情况:很多网络文字编辑人员都是"半路出家",其专业背景多为中文、新闻、历史、英语、计算机等专业。计算机专业的人才对网络技术的运用自然没有太大障碍,但往往对语言文字不够敏感,而其他相关专业的人才在网络技术上可能存在不足。如何培养出专业的网络文字编辑师是今后我们应该关注的问题。

三、语言服务职业的开发

语言服务职业还有一类是尚未完全定型的,包括语言规划师、语言策划师、语言鉴定师、语言认证师、语言纠错师等。这些语言服务职业有的实际上在现实生活中已经存在,只是它们在某种程度上夹杂在其他社会分工中,还没有获得一种完全独立的职业身份。我们有充分的理由相信,随着社会的发展,这些尚未完全定型的语言职业慢慢会步入稳定职业的行列。根据国家语言生活发展的实际,我们也相信还会产生一系列新的语言服务职业,下面列举的只是其中的一部分。

(一)语言规划师

语言规划,是指国家或社会为了管理社会语言生活而进行的各种工作。我们所说的"语言规划师",主要是指从事微观语言规划[微观语言规划,指从更为具体的实际使用与操作层面来考察语言规划,也指相对来说范围较小,多是针对某一个企业、学校、工厂、机关等所进行的语言规划。参看郭龙生《略论中国当代语言规划的类型》,载《语言教学与研究》,2007年第 6 期]的一种语言服务职业。主要任务是站在国家的立场与角度对非国家层面的不同领域与区域、不同群体及个体进行语言生活的规划,具有较为明显的基础性特征和非营利性特征。

语言规划师可以在商业、体育、法律、交通等各领域大显身手。有研究者考察了洛杉矶三十多家以多族裔社区为服务对象的银行分支机构的书面业务交往情况。研究发现,洛杉矶银行给不说英语的客户提供的服务存在重大失误,银行材料存在着翻译错误、译文不当、译文遗漏等问题,影响了金融服务的速度与质量。这项研究也表明,翻译人员花费约45%的时间研究翻译术语以及微观和宏观层面的标准问题,这需要给语言翻译者更多的时间和动力,让他们开发优秀的翻译成果。但仅靠语言翻译这个角色是远远不能应付的,如果设立"语言规划师"这一职业,必将有利于为不同层面的语言生活建设提供方便。

大型国际体育赛事的举办,语言服务是重要而复杂的环节之一。为让所有参与者得到良好周到的语言服务,语言规划必不可少,所以对专业的语言规划师的需求也在情理之中。体育赛事中语言规划师的职能主要体现在给赛事主办方提供建设良好语言环境的建议,供赛事主办方选择,包括针对语言翻译、语言培训、双语或多语言标识等。比如,2010年广州亚运会前,曾任多届大型国际体育赛事首席翻译官的比尔·韦伯专程到访广州亚组委,为亚运语言服务出谋划策①。比尔·韦伯实际上充当了亚运会非专职的语言规划师的角色。

法律界也迫切需要语言规划师。比如,少数民族地区存在大量的双语诉讼。各民族公民都有使用本民族语言文字进行诉讼的权利。我国民族地区法庭审判中存在着双语法官数量不足、翻译人才队伍力量薄弱等问题,这就需要语言规划师针对这些问题进行规划,如培训工作人员的翻译能力、编纂少数民族语言的法律词典、建立法庭翻译制度等。

随着中国经济的快速增长,航空运输市场需求保持快速增长。民航业也正以其快速安全等优势成为人们出行的重要选择。在民航服务规范化、国际化的进程中,民航语言文字服务越来越受到社会关注。其中包括民航人员语言能力培养、机场语言环境建设、民航服务用语等问题,都需要语言规划师进行合理的规划。

语言规划师还可以针对不同群体进行规划。农民工语言问题已经引

---

① 奥运会首席翻译官为亚运语言服务出谋划策. 深圳新闻网,2010 年 6 月 23 日:
http://www.gd.xinhuanet.com/newscenter/ztbd/2010-06/23/content_20159568.htm.

起了学界与社会关注。农民工虽然在城市务工,户籍身份仍然是农民。他们离开自己熟悉的农村,来到陌生的城市,其语言生活也遇到一些新问题。他们普通话普及程度低,融入流入地的语言能力不强,这不利于国家城镇化水平的提升。因此,农民工的语言学习和语言培训等问题都需要有专门的语言规划师进行合理的规划。聋人手语也急需语言规划师进行良好有序的规划。一项调查结果表明,残疾人的各种基本需求与已经提供的服务之间存在较大差距①。对聋人手语的学习培训的重视程度也有待加强,我国针对聋人的手语教育规划工作存在着诸多问题,如手语通用词典还不够完善、手语翻译员短缺、手语节目接受程度不一等。凡此种种问题的解决都需要进行科学有效的规划。

(二)语言策划师

语言策划师的任务是在各类公共关系处理及市场营销中进行语言设计和语言活动策划,比如广告语言的策划设计等。

随着经济全球化和市场经济迅速发展,广告营销活动在企业营销战略中发挥着越来越重要的作用。企业通过广告对产品展开宣传推广,促成消费者的直接购买,扩大产品的销售,提高企业的知名度、美誉度和影响力。广告文案创作,是广告文案创作人员根据广告的战略要求,通过语言文字的创意和组织来实现广告信息的传达。语言文字在广告传播中起着至关重要的作用。在当今社会,广告与人们生活的关系已经越来越密切。语言文字在广告传播中的准确性、直接性和便于人际传播等优势,使广告文案在广告传播中起着核心作用。因此,对广告语言策划师的需求就显得比较迫切。广告语言策划师需要以严谨的思维做策略思考,并以创造力寻求最有效的信息传达方式。他们的任务就是使用语言和文字这一工具帮助达成广告目标。当然,广告语言策划师从事的并不是纯粹的文字工作,他必须具备高度的专业素质和良好的综合素养,比如良好的知识结构、对市场划分的研究、对消费者心理的精准把握,以及精准而富有创新的语言表现能力。

---

① 中国发布第二次全国残疾人抽样调查主要数据公报.中国政府网:http://www.gov.cn/jrzg/2007—05/28/content_628517.htm.

(三)语言鉴定师

语言鉴定师的任务是对涉及各类语言文字真伪属性进行辨别指证,比如案件侦破中的笔迹鉴定、工商行政领域中的语言缺失或者语言滥用的鉴定、法庭申辩中的语言指证等。

1.笔迹鉴定人员

笔迹鉴定是指运用文件检验学的原理和技术,对文书的笔迹进行鉴定。其主要目的是确定遗留在文书物证上的字迹是否为某人所留,以及确认遗留在不同地方的字迹是否为一人所写。笔迹鉴定在分析案情、缩小调查范围、明确案件的调查方向、认定犯罪嫌疑人等方面可以提供证据。

笔迹是书写人利用笔或其他书写工具,写在纸张或其他材料上,反映书写人书写习惯特征的一种文字符号。由于每个人生理特征、心理因素和学习写字时的方式、方法、环境、条件的不同,由这些因素所决定的书写习惯也不相同。比如,通过某个相同的字的写法进行比较,从"快慢""抖动""断笔"等多方面可以判断是否存在模仿,模仿会露出破绽,尽管很多作伪者极力模仿,但在一些快速连笔等细微的地方,总会因习惯而产生断笔,有的甚至为了模仿得像,还反复加工①,但这些都逃不过专业的语言鉴定师的眼睛。

有时候,为了更好地观察和比较文书中的一些细小特征,鉴定师还需要借助显微镜、比对投影仪、紫外线灯或其他专门鉴别仪器进行鉴别。

2.工商行政领域中的语言鉴定人员

国家工商行政领域加强语言文字的应用管理,可以使语言文字工作更好地为经济建设和社会发展服务。国家曾颁布《中华人民共和国广告法》《中华人民共和国国家通用语言文字法》,明文规定要纠正和查处广告中语言文字使用不规范的问题,营造规范的广告语言文字环境。国家语委和国家市场监督管理总局都曾明文规定,商标所用的汉字必须是规范汉字,加注的汉语拼音必须准确而且符合拼写规则等。但究竟有无违法,

---

① 文书鉴定师让文字"开口说真话".无锡日报,2008 年 2 月 26 日:http://news.thmz.com/col63/2008/02/2008-02-26243090.html.

则需要具有一定语言文字知识的专业人员去判断。如果有专业的语言鉴定师,就能对广告、商标等当中的语言文字使用情况进行准确的鉴定,从而有利于工商行政人员公正执法。

(四)语言认证师

语言认证师的任务是对国民语言能力(包括某些特殊的语言能力)依据某些标准进行查核验证,现在的普通话水平测试员,实际上就可以看成语言认证师的一个类别。其他如导游语言水平测试、手语翻译水平测试等都需要设立专业的认证人员。

1.普通话水平测试人员

随着"普通话水平测试"的诞生,普通话水平测试员也应运而生。目前,普通话水平测试员分国家级和省级两类。国家级测试员需经国家语委或省语委普通话培训测试中心培训、考核,并取得由国家或省普通话水平测试委员会颁发的测试员证书;测试员在省培训测试中心的组织领导下承担测试任务,测试工作必须严格按统一的测试标准和要求独立进行。测试员应该具有标准的语音、较强的听辨音能力等。

2.导游语言水平测试人员

导游语言是导游从事导游职业的主要手段。导游人员运用导游语言水平的高低,直接关系到导游行业服务质量的优劣,因此对导游人员语言运用水平进行考评测试也显得尤为重要。导游语言水平测试的主要任务是对导游人员的语言文字素养及运用水平、对导游语言的驾驭能力等进行综合测评。

3.手语翻译水平测试人员

手语翻译员是以手语、口语为交流手段,在听障人士和普通人之间提供传译服务的人员。手语翻译员作为人力资源和社会保障部公示的第八批新职业之一,对能力要求比较严格。2007年4月,中国手语就业能力考核应运而生。考试主要考查考生的手语知识、手语翻译规范和手语翻译能力。中国手语就业能力证书为人力资源和社会保障部中国就业促进会印制并核发。考试分为两个部分:第一部分为笔试,分为纸面笔试和视频笔试。第二部分为面试,分为文字翻译和对话传译。为了对手语翻译员进行科学的测试评估,需要逐步建立科学规范的测试评估体系,建设国家级中国手语能力测试题库,同时也需要适时培训一批手语翻译水平测试人员,以便能正确地评估手语翻译员的翻译水平。

(五)语言纠错师

语言纠错师的任务是对国家语言生活及国民语言生活出现的语言文字错误进行鉴别、纠正与引导。现在的报刊审读员、文化出版单位的校对员等实际上就属于语言纠错师的范围。近年来进行的一系列城市语言环境的检查整改、电视荧屏字幕整顿、春节联欢晚会字幕挑错,都可以由语言纠错师来承担。

2008 年 9 月,为配合上海市政府"迎世博 600 天行动计划",《东方早报》发起"啄木鸟行动",邀请热心市民一起对城市环境及窗口服务行业等进行暗访,并进行"挑刺儿"。这一行动关注的范围很广,其中语言环境是主要聚焦点之一。这次行动参加的主体是热心市民,也取得了一定的效果,但如果从专业的角度看,有一支语言纠错师队伍,效果可能会更好一些。

电视荧屏上的错别字时有发生,为了规范荧屏用字,国家广电总局2011 年专门发出了《广电总局办公厅关于进一步加强电视剧文字质量管理的通知》,要求"电视剧制作机构应对所制作的电视剧进行文字质量检查,确保电视剧用字用语正确、规范,避免出现字幕错别字,同时尽可能减少读音错误、用词错误和表达错误","如发现黄金时段拟播电视剧单集字幕错别字达 2 处,应退回制作机构进行修改"[①]。对此,很多影视公司为了杜绝错别字,聘请中文系研究生写剧本、台本。聘请的这些研究生实际上就是兼职的语言纠错师[②]。

此外,我国还有一类刊物专门从事语言文字纠错,如《咬文嚼字》。《咬文嚼字》的办刊宗旨是"宣传语文规范,传播语文知识,引导语文生活,

---

① 广电总局办公厅关于进一步加强电视剧文字质量管理的通知. 广电总局办公厅,2011年 2 月 25 日:http://www.sarft.gpw.cn/aricles/2011/02/25/20110224171105380730.html.

② 广电总局规范电视剧错别字,影视公司称太严格. 中国网:http://www.china.com.en/news/ent/2011-03/02/content_22038555.htm.

推动语文学习"。该刊在社会上抓了一批典型的语言文字差错集中进行纠错,如关注名人博客、关注春晚、热播电视剧等。通过这些"咬嚼"活动正面地传播了语文知识,效果比较好,已经部分承担了语言纠错师的角色,至于是否能够在今后的社会发展过程中形成专门的语言纠错师这个职业,目前还不能妄下断语,这在相当程度上取决于国家语言能力和国民语言态度上的建设与发展。

(六)其他有待显化的语言服务职业

此外还有一些语言服务职业处于比较隐蔽的状态,并未完全显现出来。但随着社会的发展,它们也已渐渐露出水面,例如某些专门场合通过语言提供引导服务的岗位人员、智愿者等。

1.一些专门场合提供引导服务的岗位人员

随着社会分工的细化,某些专门场合逐渐出现一类专门从事引导服务的岗位与人员,如我们通常所说的"导游、导购、导食、导诊、导学、导视"等,都是一些具有较鲜明的语言服务特征的角色。当然,纯从语言服务职业这个角度看,他们还不具有一种职业功能上的稳定性,通常都依附在其所在的上位行业之中。但我们相信,随着现代社会分工的日益精细化,从各种序列中分化出新的语言服务的职业并最终形成行业也未必是不可能的事情。

导购员对于导购员来说,工作的很大一部分是在推销,包括推销自己、推销产品。他们通过语言向顾客传递一些基本的信息,以完成整个交易过程。这就要求导购员学会使用有推动力的语言,比如词汇方面,有人总结出具有销售力量的词汇:顾客姓名、了解、证实、健康、保证、安全、节约、正确、重要、您、优点、好处等;要尽量避免使用妨碍推销的词汇:应付、花费、付款、购买、死亡、低劣、决心、责任等。避免使用贬义、否定、刺激、暧昧、夸张不实等的词语。再如句子方面,学会巧妙地提问,掌握一些有效的问句等。

导医员导医就是引导患者到相关科室就医的专门人员。现实生活中,造成看病难的因素很多,但很多时候是由于患者本身对看病程序缺乏了解造成的,而专业的诊前咨询和指导,可以让患者少走弯路。导医是直接和患者进行语言交流的,这就要求他们能为患者提供优质的语言服务。比如在语言选择方面,要尽量根据患者的语言习惯采用相同的语言(或方言)与患者交流,同时应使用合适的语调,根据不同的患者采用合适的语速等。只有这样才能在诊疗过程中得到患者的配合与支持,树立患者对医院的良好印象,提高患者对医院的满意度与信任度。例如,2010年武汉市卫生局曾经对全市二级以上医院的导医进行了哑语培训,以更好地为聋哑者服务[①]。

导税员许多税务部门建立导税制度,在办税服务厅设立专职导税员。导税员主要负责引导服务、现场答疑、资料初核、辅导办税和排解纠纷。有报道称,导税员的设立,解决了纳税人因不熟悉办税程序而走冤枉路、排冤枉队的问题,而且减少了窗口接受咨询的频次,提高了办税服务效率[②]。

导乘员随着社会的发展,许多交通部门(如地铁部门、公交公司等)设立了导乘员这一岗位。导乘员直接和乘客接触,需要为乘客提供各种服务,其中包括语言服务。所以导乘员需要掌握一定的语言技巧,在服务过程中,导乘员能借助一定的语言表达与传递,代表服务提供商与乘客进行一种有效交流,文明得体,推动乘务活动顺利进行。如果服务语言不中听、生硬、刺耳,会让旅客难以接受,有可能引起旅客的不满与投诉,给服务提供商的信誉带来严重影响。

2. 志愿者

2005年创建的"互动百科"(www.baike.com)网站,为数亿中文用户

① 武汉导医台将有哑语服务工作人员进行特殊培训. 长江网:http://news.cjn.en/whsztp/201005/t1123533.htm.

② 图文:专职导税员. 湖北日报,2007年11月10日:http://news.cnhubei.com/hbrh/hbrbsglk/hbrb02/200711/1136867.shtml.

免费提供及时海量的百科信息。这些百科词条都是由几百万网民共同分享和协作完成的。这些网民被称为"智愿者",他们主要从事互动百科的编辑和知识管理工作。

智愿者拥有比普通注册用户更高的权限和荣誉。优秀智愿者每年可免费参加互动百科的线下联谊活动;享受互动在线提供的免费培训,包括网络知识、编辑技巧、互联网各主要岗位就业指南;也可以参加互动百科积分回报计划,换取各种精美礼品。此外,互动百科会定期对表现突出的智愿者给予额外奖励,包括精美礼品和提供聚会活动经费等。智愿者是成为互动站务的必要条件,互动站务除拥有智愿者的各项权利外,每月还可享受站务津贴,报销上网费、通信费和活动经费等。实际上,智愿者已经有了职业化的趋势。

另外还有一个群体值得注意,这个群体俗称"网络水军",是网络上衍生出的一种新职业。"水军们"以网上发帖回帖来获取报酬,一般是受雇于网络公关公司,为他人发帖回帖造势的网络人员。版主把主帖发出去后,获得最广大的网民的注意,进而营造出一个话题事件,很多网络公关公司都会雇佣大批的人员来为客户发帖回帖造势。例如,一些电影电视剧在上映前,有人在网络上发帖招募"水军"造势。此外,为了捧红或贬低一些娱乐明星,也有在网络上招募"网络水军"的情况。

"网络水军"具有零散性、不可控性、唯利性等特点。他们分散在各处,有任务时在网上聚在一起,完成后又分散开,绝大多数是兼职,他们临时受雇于一些网站或公关公司,进行网上炒作。这类人群自由上网时间较多,有利于完成任务。"网络水军"的出现,是互联网发展到一定阶段必然会出现的。在今后相当长的一段时间里,"网络水军"可能不会消失,这个群体的行为也需要进行职业规范。如果"水军们"歪曲事实,肆意散布谣言,引起社会不安,甚至触犯法律法规,应该受到法律法规的约束与惩戒。

第三节 语言服务行业

一、行业和语言服务行业

行业是指从事国民经济中同性质的生产、其他经济社会的经营单位或个体的组织结构体系的详细划分,如汽车业、银行业等。全球化和信息技术的飞速发展已经催生了一个新兴行业——语言服务行业。狭义的语言服务行业原来仅指翻译行业,国外对语言服务行业的理解就是这样。随着人们对语言服务认识的深入,广义的语言服务行业范围要宽泛得多。郭晓勇(2011)认为:"语言服务行业,是一个包括翻译与本地化服务、语言技术工具开发、语言教学与培训、语言相关咨询业务的新兴行业,其范围已经远远超出传统意义上的翻译行业,成为全球化产业链的一个重要组成部分。"

(一)服务性行业的语言服务需求

语言是人类最重要的交际工具,任何行业活动的进行和维持都离不开语言的参与和运作。服务性行业中语言的重要性更是不言而喻。考察服务性行业的语言服务需求,首先需要确定目前服务性行业的覆盖范围。根据世界贸易组织统计和信息系统局(SISD)的国际服务贸易分类表,国际服务贸易分为 11 大类 142 个服务项目,基本上涵盖了服务业的主要范围。

服务行业主要包括商业服务、通信服务、建筑及有关工程服务、销售服务、教育服务、环境服务、金融服务、健康与社会服务、与旅游有关的服务、娱乐文化与体育服务、运输服务等 11 大类,与语言服务直接相关的具体服务项目就包括广告服务,电信服务,视听服务,初等教育服务,中等教育服务,高等教育服务,成人教育服务及其他教育服务,医院服务,其他人类健康服务,社会服务及其他健康与社会服务,导游服务,新闻机构服务,图书馆、档案馆、博物馆及其他文化服务,体育及其他娱乐服务,所有运输方式的辅助性服务等。这些服务项目需要语言直接参与其中,并发挥着重要的、不可替代的作用。

行业发展的现状决定语言服务需求的现状,行业发展的未来也影响语言服务需求的未来。王传英 2011 年对语言服务类企业和非语言服务类企业的语言服务人员需求情况进行的调研显示,从岗位需求的角度看,在不同规模的语言和非语言服务类企业中,最紧缺的岗位是高级译审,其次是翻译项目经理、高级翻译,同时对多媒体工程师、市场经理、文档排版员、技术经理、技术写作人员亦有需求。从总体上看,企业人才需求的总体方向基本一致,高级译审、翻译项目经理、高级翻译成为几乎所有企业的急需人才;与本地化服务有关的技术写作人员、技术经理、文档排版员、多媒体工程师有望成为语言服务的新生力量;与多语项目质量管理相关的专业人士则成为潜在的需要。

(二)语言服务行业的现状

中国的语言服务行业于 20 世纪 80 年代出现萌芽,到 20 世纪 90 年代随着信息技术的发展而初步形成。进入 21 世纪后,全球化和服务外包行业的诞生促进了语言服务市场的繁荣,中国语言服务行业迎来了快速发展期。中国翻译协会联合中国翻译行业发展战略研究院共同发布的《中国语言服务业发展报告(2012)》显示,随着改革开放政策的深入推进,我国语言服务业得到了快速发展。统计数据表明,从 1980 年至 2011 年,我国语言服务企业总数从 16 家发展到了 37197 家,年平均增长率达到了30.3%。

另据中国翻译研究院、中国翻译协会联合中国翻译行业发展战略研究院发布的《中国翻译服务业分析报告(2014)》,2012~2013 年两年时间,全国新增在营语言服务企业 18778 家,年均增幅高达 25%,大大超过2000~2011 年企业数量的年均增长率 18.5%。这表明在全球化和信息化的背景下,中国语言服务业呈现出持续快速增长的态势,是一个颇具潜力的新兴服务行业。

我国的语言服务行业正处于发展期,但毕竟还是一个不成熟的行业,还存在很多不完善或亟待解决的问题。具体说来,目前影响行业发展的主要问题有以下几个方面:

1. 准入和评估机制不健全

行业准入是衡量一个行业成熟的重要标志,但目前语言服务行业仍然是一个人人皆可自由出入的领域。就拿发展建设比较成熟的翻译行业来讲,与法律、医疗、会计、建筑等行业类似,翻译是高度专业化的行业,从涉及生命安全的医疗翻译到涉及公民法律权利的法庭翻译,从涉及高额经济利益的商务谈判到涉及国家利益的政治斡旋,翻译的作用至关重要。因此,需要制定相应的法律法规和准入机制来确保翻译工作的质量和水平。但现行的法律法规既没有对语言服务企业设定准入条件,也没有对翻译从业人员设定硬性的入职入岗条件。这在一定程度上影响了语言服务行业的发展。

2. 行业发展不平衡,整体竞争力较弱

语言服务行业受经济环境、客户需求、人才集聚等因素影响,在地域上呈现出不均衡发展的态势。国家有关部门提供的数据显示,北京、上海、江苏、浙江拥有全国语言服务企业的 75%,其中仅北京市就有 9000 多家语言服务企业。国家权威部门的数据显示,全国在营语言服务企业中 80.5% 的企业注册金额在 50 万元以下,注册资金在千万元以上的仅占总量的 0.83%,真正称得上全国甚至国际品牌的企业屈指可数。因此,行业整体的竞争力还比较弱,相当一部分行业依附性还很强,难以自立门户,面对国际企业的竞争还处于劣势。

3. 研究不深入,管理、指导跟不上

一个行业的发展需要有充分的统计数据和研究成果来支持,如果没有这些支撑,管理和指导就必然跟不上发展的需要,而这正是目前我国语言服务行业所缺少的。以比较成熟的语言翻译行业为例,翻译很长一段

时间仅仅被视为一种专业技能,而非一个行业甚至产业,关于这方面的研究就更是空白。2004年,中国翻译协会顺应形势发展需要,开始从学术领域拓展到产业领域,逐步承担起行业协会的责任。但中国译协作为一个非营利组织,资源有限,很难在短时期内全面掌握行业的整体状况,也就难以对整个行业进行直接有效的指导。

4. 各类服务人才缺口较大

语言服务行业建设较晚,而对各类人才的需求量却较大,呈现出服务人才缺口较大的现象。以语言翻译人才为例,中国翻译协会开展的一项翻译产业调研显示,在接受调查的企业中,有67.7%的企业计划在未来一年里增加5名以上的员工,有同样比例的企业认为目前语言服务行业最缺乏的是人才培养。虽然我国高校已经开始培养各类翻译人才,但合格的翻译师资严重匮乏。同时,语言服务行业还需要大量的翻译管理人才、翻译营销人才、翻译技术人才、多语种桌面排版人才等复合型人才。语言服务业高素质人才,特别是中译外人才的缺口问题,已经成为制约行业发展和"走出去"战略实施的瓶颈。

5. 行业地位不明确,缺乏政策扶持

《国家经济行业分类》标准规定了国民经济行业20个门类、900余个小类,然而无论是翻译行业还是语言服务业均未包括其中。由于行业地位不明确,语言服务业没有得到应有的重视,服务外包、信息技术、文化创意等相关产业的扶持政策和优惠措施很少惠及语言服务企业,导致语言服务企业成本高、负担重,再生产和技术投入少,难以实现规模化、跨越式发展。

6. 总体规模偏小,产业集中度和国际参与度低

我国语言服务企业数量众多,但整体规模偏小,企业集中度低。美国著名语言行业调查机构 Common Sense Advisory 公司 2013 年 5 月发布的《2013 年语言服务企业 100 强》显示,在全球前 100 强语言服务企业中,中国企业只有 4 家,分列于 16 位、24 位、33 位和 69 位,整体实力还不

够强大,抵抗风险能力低,面对国际企业竞争时往往处于劣势。

7.企业创新能力不够,同质化竞争问题突出

由于我国语言服务业的主体是中小型甚至微型企业,小而分散,没有能力也没有资金在技术和商业模式上进行创新。大部分企业从事的语言服务同质化现象比较突出,在低端市场上竞争激烈,导致价格下滑,质量下降,影响了我国语言服务企业的整体竞争力。

二、语言服务行业的特征

(一)自主性

语言服务的自主性也称主导性,是相对于语言交际的双向性而言的。语言交际是发话者与受话者之间的一种双向交流,但语言服务更多地体现为语言服务提供方的一种主导性特征。屈哨兵(2007)认为:"语言服务当然也会涉及双向交流的问题,但它的表现与通常的言语交际有所不同,不管是制造一个言语事件,或者是进行一种与语言有关的规划设计,都有一种行为故意和言语主动。"也就是说,语言服务对于言语行为的产生、发展具有一种控制力,提供语言服务的一方对相关言语事件的掌握通常是可控的。例如语言培训过程中通常是语言教师掌握培训的过程安排、方式使用等一系列培训行为。语言服务的主导性源于语言服务行业的需要和语言服务提供方的目的驱动。作为一种行业,需要达到一定的服务目的,产生相应的服务效果和效益。同时提供语言服务的人通常在实施相应言语行为之前都有特定的目的。这些都需要在提供语言服务的过程中,语言服务提供方对服务行为的实施进行相应的控制。

(二)服务性

通常意义上的服务是指为他人做事,一般是指不以实物形式而以提供活动的形式满足他人某种需要,并使他人从中受益的一种有偿或无偿的活动。从贸易角度理解,服务是个人或社会组织为消费者直接或凭借某种工具、设备、设施和媒体等所做的工作或进行的一种经济活动,是向

消费者个人或企业提供的,旨在满足对方某种特定需求的一种活动。语言服务的属性首先就表现为它的服务性,屈哨兵(2007)指出:"服务性的一个重要表征就是它具有一种利他性(虽然自己最终会有所获益,但从表现形式上看,是以利他作为整个行为的形成动因的)。"

语言服务的服务性特征在任何语言服务领域都有明显的体现。例如语言教学领域的语言服务是使服务对象得到语言知识,提高语言能力;语言翻译领域的服务是使服务对象得以在不同的语言之间能够顺畅交流;语言技术领域的语言服务是使交际双方之间能够通过媒介或其他技术载体进行沟通。不论哪种形式的语言服务都使服务对象在某种程度上受益。

(三)商品性

商品是为交换而生产或者是用于交换的对他人或社会有用的劳动产品。狭义的商品仅指符合定义的有形产品;广义的商品除了可以是有形的产品外,还可以是无形的服务,如"保险产品""金融产品"等。商品的基本属性是价值和使用价值。随着人类对商品的认识逐渐深入,服务作为一种特殊的商品已经成为共识。语言服务的商品性其实表现在很多方面,如政府的语言服务经费实际上来自公民的纳税;机场的语言服务中心提供多语翻译,其成本就隐藏在机票之中。这些都无疑在证明一个问题,语言服务具有商品性。

三、语言服务行业的发展

(一)与语言服务职业的关系

行业是指按生产同类产品、具有相同工艺过程或提供同类劳动服务划分的经济活动类别。职业是人们在社会中所从事的作为谋生手段的工作。从社会角度看,职业是劳动者获得的社会角色,劳动者为社会承担一定的义务和责任,并获得相应的报酬;从国民经济活动所需要的人力资源角度来看,职业是指不同性质、不同内容、不同形式、不同操作的专门劳动岗位。以语言为工具从事语言服务可以形成不同的语言服务职业,不同的语言服务职业达到一定的规模就可以产生语言服务行业。

语言教师、翻译人员、广告文案策划人等是语言服务职业领域中比较传统的职业角色。随着现代网络文明与手机通信时代的到来,语言服务新职业人群应运而生,如各种语言工程师。此外,随着现代文明的发展和人类整体生存质量的提高,一些原来处于潜在状态或边缘位置的语言需求逐渐凸显出来,如针对听力障碍人群康复治疗的语言服务职业,有语言矫治师等。

(二)语言服务行业的成长规律

所有行业都要经历从小到大、从出生到成熟的过程。这个成长的过程有着特定的规律。任何行业的成长都是通过各种因素的综合作用完成的。一般来说,涉及行业成长的因素有如下一些:行业成长的导向因素——市场需求,行业成长的动力因素——投资,行业成长的支持手段因素——技术创新,行业成长的环境因素——政策。语言服务行业的成长当然也遵循这样的规律,受到如上因素的综合影响。

1. 市场需求是语言服务行业成长的导向

需求包括现实的需求和潜在的需求,是指人们产生的对需要或欲望的动机。需求是多层次的,由生理需要、安全需要、社会需要、尊重的需要和自我实现的需要等五个层次组成。满足特定需求的相同类型的生产和服务便构成产业。需求的多样性、层次性和数量上的规模性决定了产业的多样性、层次性及其规模性。需求结构升级及高级化过程影响着产业的升级过程。

语言服务行业的萌芽和成长根本上也是源于需求。人类对语言知识的渴求以及日常交际的需要,催生了语言教育,因此语言教育应该是语言服务的最初的形式。由于语言接触的原因,操不同语言的人之间交际需要,又催生了语言翻译,这是语言服务的传统解读,也是狭义上人们均认可的语言服务形式。随着人类交际的跨域化范围不断扩大,世界一体化格局的逐步形成和不断扩展,互联网技术等不断发展,人类对语言服务的需求逐渐扩大和细化,形成了巨大的语言教育市场、语言翻译市场、语言技术市场以及语言医疗、文字速录等新兴语言市场。巨大的市场需求引导语言服务职业的诞生、行业的产生和产业的建设,成为引导语言服务产业的导向性指标。

2.投资是语言服务行业成长的推手

需求对语言服务行业的成长起了定向和拉动的作用,投资则决定着语言服务行业的成长能否成型和发展的速度。语言服务行业成长的要素包括语言知识、语言技术、人力资本、相应设备以及土地等,投资可以使这些要素向语言服务行业、产业集中并重新组合。投资对语言服务行业成长的作用表现在两个方面:一是在现有技术水平下直接作用于产业,使产业规模扩大,实现量的扩张;二是通过增加投资,推动技术进步,实现语言服务行业以及产业的升级和跃迁,实现质的成长。

对新兴行业、产业给予投资支持是世界各国的基本经验。黄南(2008)指出:"在世界各国和地区的产业发展中,无论是以市场经济为主导的欧美国家,还是以政府主导型经济为主的东亚国家和地区,大多都会对未来需要重点发展的新兴产业给予必要的培育和扶持。扶持的重点一方面体现在相关配套政策体系的建立上,另一方面则更多地表现在对这些产业的技术研发、支撑体系建设等的资金投入上。"例如,日本在历史上对每一个阶段的新兴产业都曾给予一定程度的资金扶持,在 2000 年 11 月推出的"信息技术国策"中更是明确规定,要用规模高达 1000 万亿美元的投资来全面发展信息技术产业等新兴产业,以此提升产业结构、拉动经济回升。

语言服务行业作为新兴的朝阳型行业,需要投资成为其发展和跃升的推手。一方面,作为国民经济重要组成部分的语言服务行业需要得到快速发展;另一方面,语言服务行业与其他行业的交叉和融合也为其发展提供了广阔的空间,对语言服务行业的投资不仅在本领域会起到积极的作用,同时也会促使相关行业得到快速发展。此外,行业成长的一般规律也决定需要对语言服务行业进行科学投入,促其快速成长。

3.技术创新是语言服务行业成长的支撑

技术创新是行业、产业成长升级的一种标志,它不仅使行业、产业成长具备了现实基础,而且决定了其成长的速度。一方面,技术创新能够实现市场需求;另一方面,行业、产业成长也要以技术创新作为基本支撑条件。没有技术创新,行业、产业只能是规模上的平面扩张,不会引发其升级。技术创新对语言服务行业的支撑作用在当下越发明显。龚惠群等(2011)认为:"战略性新兴产业的成长是基于原始创新,将前沿科技领域的重大突破转化为标志性目标产品的过程。战略性新兴产业往往是知识和技术高度密集的产业,前沿科技领域的重大突破是催生战略性新兴产业出现和成长的内在动力。将原创性科技突破的成果转化为标志性目标产品,是战略性新兴产业形成和成熟的前提条件和重要标志。"

语言服务行业从显性服务工具的角度看,主要可以分为技术型服务和知识型服务两种。语言知识型服务对技术的创新要求基本体现在辅助技术上,如语言教育、语言培训都需要相应的技术支持,知识服务可以通过技术创新实现高效率、高质量服务。语言技术服务的创新主要体现在技术本身,如文字录入、语音软件开发等都需要通过技术创新实现产品的升级换代。可见,语言服务行业的成长需要技术创新作为支持。

4.政策为语言服务行业成长提供外部环境

行业、产业政策在语言服务行业的成长中具有举足轻重的作用。产业政策的制定与推行虽然在以前一段时间内曾遭质疑,"但是从很多国家和地区的产业发展历程看,制定合理的产业政策,通过产业政策的积极引导,可以促进各种要素资源向新兴产业集中和倾斜,这确实是发展新兴产业的一种十分有效的手段。"(黄南 2008)在美国,克林顿政府曾把制定具有前瞻性、整体性的产业政策作为美国产业振兴的关键,制定了包括"信息高速公路计划"等在内的一系列中长期科学技术发展规划和计划,强有力地推动了美国以高新技术产业为主的新兴产业的飞速发展。在东亚，日本、韩国和中国台湾地区在经济发展的各个时期都认真研究本国和本地区的发展条件，积极采纳专家和学者的建议，制定了详细的产业发展政策，在实现经济现代化过程中起到了重要作用。

语言服务行业作为新兴的行业，还处于向成熟阶段发展的过渡时期，需要相应的政策支持和扶持，以使语言产业的发展能够有正确的方向、科学的目标、宽松的环境，使语言服务产业和相应的行业能够得到快速、健康发展。

(三)语言服务行业的测查认证

1.语言服务行业的测查

语言服务行业的测查就是对一定区域内的语言服务行业的现状进行摸底式的排查，并对行业发展趋势做出一定程度上的预测。由于语言服务产业至今未被纳入国家统计体系，因而缺乏市场规模方面的具体统计数据。根据中国翻译研究院、中国翻译协会等相关部门提供的调查数据，目前全国在营语言服务企业总数超过 6 万家，这里面既有雇员上千人的大型企业，也有大量一两个人组成的微型企业。如果按照平均每个企业 10 名员工，每人年均产值 8 万元保守估算，仅语言服务企业所消化的翻译和本地化业务年产值就能达到 480 亿元。如果再加上市场庞大的语言培训、语言技术工具开发和咨询服务，产值则更加可观。

尽管我国语言服务业已经进入了快速发展期，并且有着广阔的发展前景和巨大的发展潜力，在国民经济建设和社会发展中的基础性作用越来越不容忽略，但是作为一个新兴行业，语言服务业还不够成熟，面临诸多制约其发展的问题，主要表现在以下几个方面：一是行业地位不明确，缺乏政策扶持；二是准入门槛低，缺乏立法保障；三是总体规模偏小，产业集中度和国际参与度低；四是企业创新能力不够，同质化竞争问题突出；五是人才培养与使用脱节，人才缺口较大。

2.语言服务行业的认证

认证，按照国际标准化组织(ISO)和国际电工委员会(IEC)的定义，是指由国家认可的认证机构证明一个组织的产品、服务、管理体系符合相关标准、技术规范(TS)或其强制性要求的合格评定活动。一般来说,认证包括体系认证和产品认证两大类。体系认证一般的企业都可以做,也是一个让客户对自己的企业或公司放心的认证,比如 ISO9001 质量体系认证;产品认证相对来说比较广泛,各种不同规格的产品和不同的产品认证价格不一样,同一类产品做不同的产品认证价格也不相同。

语言服务行业的认证涉及体系认证、产品认证两个方面。体系认证可以简单表述为"审核和注册"。目前最为普遍的体系认证便是关于质量体系的认证和关于环境管理体系的认证。语言服务行业首先需要根据相应的标准所规定的质量体系要求,经过认证机构对相关企业质量体系进行审核,以颁发认证证书的形式证明企业的质量体系和质量保证能力符合相应要求,并予以注册。产品认证是由第三方通过检验评定企业的质量管理体系和样品型式试验来确认企业的产品、过程或服务是否符合特定要求,是否具备持续稳定地生产符合标准要求产品的能力,并给予书面证明的程序。语言服务行业需要通过生产一定语言技术产品的形式实现对社会的服务,当然就需要产品认证。

2011 年 6 月 17 日,中国首部语言服务行业规范——本地化业务基本术语发布会在中国外文局召开。会议发布的《本地化业务基本术语》,系统定义和总结了与本地化服务行业相关的关键术语,如"全球化""国际化""本地化"等基本概念和本地化过程中的服务角色、服务流程、服务要素和相关技术术语共计 125 条,对于廓清长期以来的模糊概念具有提纲挈领的指导作用,对于规范整个语言服务行业的生产流程、服务标准,进而提升中国语言服务行业的竞争能力和国际形象亦具有重要意义。这在我国语言服务行业建设过程中具有里程碑式的重要意义。

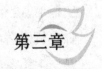

第三章

语言服务市场与本地化服务

第一节 语言服务市场

语言服务的本质是一种跨文化的信息传播。在全球化时代,语言服务已经渗透到经济、文化、科技等各个行业和领域。语言服务作为一个高成长行业,不仅本身产生巨大的价值,还将辐射和带动更为庞大的关联价值,带动多语信息处理、游戏动漫、影视传媒、教育培训、服务外包、文化出版、创意设计、印刷、旅游、科技情报等产业的上游和下游领域的发展。

一、语言服务业市场规模增长,市场结构正在发生变化

根据外部环境所提供的发展机遇,以及我国语言服务行业近10年的发展趋势,预计我国语言服务业在未来几年年均增长15%,预计到2015年语言服务企业年产值将超过2600亿元,从业人员数量达到200万人,语言服务企业超过6万多家(《中国语言服务业发展报告2012》)。

语言服务市场和结构的变化表现在以下几个方面:①小语种的市场需求增长:随着全球经济一体化和网络应用的普及,跨国企业向小语种国家和地区渗透,促进了小语种的需求增长。②网站、移动应用和多媒体服务需求增长:网络宽带和多媒体技术的发展,多媒体影音内容呈爆炸式的增长,对语言服务产生了巨大的需求,越来越多的公司将提供这方面的服务。③全球社交媒体巨大影响:社交媒体的高速发展使得我们快速进入"自媒体"时代,每个人都是内容创造者,这就意味着文字和多媒体信息以爆炸的方式增长。内容产业的爆炸式发展对语言服务产生了大量新需

求。④汉语在语言服务市场上的份额将显著增加：随着中国经济的快速发展，中国在世界经济文化的地位显著提高，汉语的地位也越来越高，目前中文和大中华市场成为众多跨国公司产品本地化的第一级别语言和市场。

二、语言服务行业分工日趋细化，专业化服务凸显竞争力

随着经济全球化的深入发展，越来越多的行业需要购买语言服务，要求语言服务提供商可以提供特定行业的专业化、定制化、多语种和多层次的语言服务。此外，随着客户要求的不断增加，未来的语言服务商将实现从语言服务到语言行业解决方案的转变。

在越来越成熟的语言服务市场中，规模和价格不再成为立足市场的唯一依靠。在大公司和市场竞争的夹缝里，很多小公司通过在细分市场或专业领域建立竞争优势得以生存和发展。可以预见，今后将会出现更多专注于特定领域的语言服务提供商，如专利翻译公司、法律翻译公司、生物医药翻译公司、汽车翻译公司、专业的会议口译公司、专业的电话口译公司等。不同语言服务公司之间，根据自己的独特行业服务优势来发展，与其他同行并不完全是价格竞争和领域竞争，在语言服务大市场中更多的是分工和协作。

翻译公司是翻译人才的主要用人单位，其用人标准在一定程度上反映了翻译行业的人才需求状况。招聘信息是翻译公司用人标准的主要载体，根据数据显示，笔译译员的市场需求量远大于对其他各种翻译人才的需求，其次是口译译员和译审。市场需要一定数量具有丰富经验的资深翻译和高级译审，以及口译与笔译能力兼备的复合型译员。随着翻译行业的产业化进程，翻译公司开始注重翻译项目管理和译文质量控制，以提供更好的翻译服务。

本地化作为一个新兴行业，其翻译质量基本受到客户的认可，而且本地化项目的收费较高，因此，一些有实力的翻译公司开始承揽本地化业务。随着本地化市场的发展，对本地化人才的需求将会日益增多。

第二节　本地化服务

一、本地化概述

什么是本地化？本地化是对全球化产品或信息内容进行语言和文化等方面处理的过程。本地化是经济全球化的结果，随着经济全球化和 IT 技术的深入发展，本地化将快速发展。本地化产品已经无处不在，已经深入到我们的工作、生活和学习中，深入到社会的各个方面。

目前，本地化行业主要集中在以下三个方面：

(一)软件本地化(Software Localization)

随着全球消费软件和商业软件市场的不断扩大，软件本地化的需求增长很快。优质的软件本地化服务可以增强软件提供商与当地公司之间的竞争能力，减少昂贵的客户支持需求，但该过程十分复杂，极具挑战性。本地化需要翻译文字，采用本地标准，最重要的是要保证软件功能的完善。本地化不仅仅意味着翻译，软件如果要在国外市场取得成功，还需要：

(1)全球市场与本地知识——完全的本地化必须反映当地的断句标准、货币符号、日期和时间格式以及其他方面。

(2)迅速提交在全球市场中，当外国语言版本的软件不能紧随源语言版本软件发布时，就会丧失商业机会。

(3)术语管理复杂的应用程序和支持文档使用的词汇成千上万，再转换为十几种甚至更多种语言，词汇处理更显复杂。本地化工作需要利用精湛的技术，提供一致的语言使用、跟踪和存储，以节省成本，并加快软件推向市场。

(4)专业侧重特定行业的软件必须准确使用专业化的术语。

(5)帮助和文档——最复杂的应用程序需要全面的帮助功能和用户文档，这里是翻译量最大的地方。通常需要使用一些制作在线帮助的工具,如 Robohelp 等。

说起软件本地化,大多数人会觉得这是个非常专业的名词,似乎和自己没多大关系,其领域也相对狭窄。其实,软件本地化与每个电脑用户都息息相关,世界各地的用户无时无刻不在享受软件本地化的成果。例如,无论是中国人、日本人、法国人、阿拉伯人还是西班牙人,都分别使用"讲本国语言"的 Windows XP 操作系统,这些版本的 Windows XP,其界面风格、支持功能和相关文档都符合当地用户的语言文化习惯和背景,似乎"土生土长"。而正是软件本地化工程,使这套最初以英语开发的软件变成了"千面佳人",在各个国家/地区游刃有余。

那么,究竟什么是软件本地化呢?软件本地化是"将一个软件产品按特定国家/地区或语言市场的需要进行加工,使之满足特定市场上的用户对语言和文化的特殊需求的软件生产活动"。具体来说,就是根据目的地国家的市场需求,面向当地用户,对软件产品进行功能调整、信息翻译、本地特性开发,使其在功能、语言和外观上都符合该国家/地区的习惯,使当地用户在使用该软件过程中,不会因语言障碍而影响工作效率。可以看出,软件本地化不是简单的翻译,还涵盖了源代码修改、用户界面布局调整、编译测试等软件工程活动。通过这些活动,使原本板着面孔说洋文的应用程序,变得像邻家小妹一样亲切友好,容易接近。而一个成功的本地化产品,应该是"入乡随俗"的最好诠释。例如,它会针对阿拉伯语用户,增加从右向左文字的支持功能;针对中文或日文用户,改变内码编码方式,使其支持双字节字符;它还应根据当地政府法律,修改相关文档,以免引发政治问题。软件本地化落实到面向中文用户,即为"软件汉化"。汉化过程包含两个内容:第一,代码修改。早期大多数软件在设计开发时,仅考虑支持单字节字符,而中文为双字节字符,因此为了支持中文输入与显示,必须对代码进行修改,使其支持双字节字符;此外,还需要新增一些面向中文用户的功能,并删除不必要的功能。第二,对软件用户界面、帮助文档、用户手册等所有用户可能接触到的部分进行翻译和排版,使中文用户不会因语言问题而影响使用。

软件汉化通常涉及两个版本,即大陆地区使用的简体中文版(Simplified Chinese,简称 SC)和港澳台地区使用的繁体中文版(Traditional Chinese,简称 TC)。这两种貌似同源的版本,却因为软件内码不同而无法通用,必须分别进行本地化处理。

其实,生活中有很多产品"汉化"的例子。例如,肯德基针对中国人的饮食习惯,推出"樟茶烤翅";某些国际化妆品牌推出"适应亚洲人皮肤"产品;麦当劳大叔在春节也会拜年挂春联以吸引顾客……对于软件汉化来说,则可能表现为友好的中文界面、明了易懂的帮助文档、为中文用户特意改进的拼写和语法检查、符合中国人审美观的图片和示例等。这样做能使软件产品更适应中国的文化特点,更符合中国消费者的要求,更易于让用户接受。很难想象,一个偏远小镇上复印打字商店的店员,或者一个刚刚接触电脑的小学生,或者一位毫无英文基础的古稀老翁,能够毫无障碍地使用全英文软件。而正是软件本地化,拉近了这些普通用户与电脑软件的距离,使语言不再成为阻碍用户享受信息技术的藩篱。(胡志宏,中国本地化网)软件本地化包含文字翻译、软件编译、软件测试和桌面排版等多项工作,需要多种软件配合才能完成。它主要包含操作系统软件、通用软件、专用软件。选择合适的软件,可以提高工作效率,创建符合行业格式的文件。

(二)网站本地化(Website Localization)

大型的网站几乎每天都在变换功能、内容、产品发布、市场活动等。而且,在当今的全球经济中,网站需要以多种语言吸引互联网用户。网站本地化不仅仅意味着翻译。

网站本地化既需要语言,也需要技术方面的专长:

(1)持续的内容管理——需要强大的 Web 内容管理来识别、更新及重复使用多种源语言——目标语言内容。本地化必须利用优秀的内容管理技术以确保有效的 Web 本地化进程。

(2)优质的工作流——需要建立一个高级企业工作流系统,专门用于复杂的翻译管理。网站本地化需要准确迅速的翻译,促进项目管理自动化,从而缩短项目时间。

(3)全球市场和本地知识——网站不仅"讲"地道的当地语言,而且反映当地的风俗、习语和标准。

(4)网站用户翻译选择——本地化内容是网站为多语种用户服务的主要方式。

(5)专业术语——每个行业都有自己的专业语言,必须有很好的术语管理方案。

(三)媒体文档本地化(Multimedia Localization)

随着各种计算机技术的发展,文档的格式种类繁多。软件开发的技术文档、用户手册、帮助文件及教学电子文档种类繁多,因此在本地化过程中需要用到能处理这些文档的桌面出版工具(Desktop Publishing Tools),以保证本地化的文档格式与原文档一致。

(1)支持各种文档格式——DOC、PDF、CHM、AVI、RM 以及各种动画文档等。

(2)测试——本地化过程之后,综合的测试可确保媒体文档功能保持原来的全部功能。

(3)术语管理——在多种语言中前后一致、恰当有效地使用术语。

二、国内本地化行业现状

中国本地化还没有形成一个行业,没有成熟的国内客户,没有本地化行业协会,没有设置本地化专业的大学,各种本地化人才紧缺,少数具有规模的本地化公司开始成长起来,积极谋求专业化和国际化发展,主要以承接国外客户的本地化项目为主。以本地化服务为主的公司大约 100 家,另有 10 家左右以软件外包测试和开发为主。80%的本地化公司集中在北京、深圳、上海等发达城市,在苏州、南京、沈阳、杭州、广州也有少量本地化公司。现在国内专职本地化人员有 5000 人左右,30 人以上的中国本地化公司约 60 家,其中 10 家员工超过 100 人。不少传统翻译公司和依靠软件外包发展起来的公司开始提供本地化翻译服务,但是进展缓慢。较早从事本地化的公司已经或者正在实施企业国际化发展战略,具有国际市场开拓能力并熟悉本地化业务的双语人才成为最紧缺的人才。表 3-1、表 3-2 分别是本地化公司与国内翻译公司的客户及员工类型、业务运作方式的比较情况。

表 3-1　本地化公司与国内翻译公司客户及员工类型

	客户类型	客户关系	专业软件工具使用	翻译报价	翻译语种	员工类型
本地化公司	国外为主	紧密	大量使用	以源语言为准	有限语种有限行业	专职为主
翻译公司	国内为主	松散	少量使用	以目标语言为准	多语种多行业	兼职为主

表 3-2　本地化公司与国内翻译公司业务运作方式比较

	业务类型	翻译工作数量	翻译流程保证	市场竞争	公司数量	入行门槛
本地化公司	翻译、工程、排版、测试	<3000英文/人天	可以保证	平稳	百余家	高
翻译公司	翻译为主	>3000英文/人天	较难保证	竞争激烈	上万家	低

第四章

语言技术服务

第一节 语言技术服务的概念

语言技术是当前最重要的智能信息处理技术,联结着各类信息媒体技术和知识处理技术,为未来基于数字网络信息的知识服务奠定着重要的技术基础,也是语言服务行业发展的重要驱动力。随着国家"一带一路"倡议构想的提出,中国开始广泛、深度融入全球经济体系,逐步扩大中国文化对外传播以及国家软实力建设。现代语言技术将成为"一带一路"国家语言服务建设的助推器和压舱石,对于积极推进国家语言服务及语言能力的建设具有举足轻重的作用。

一、语言技术服务概念定义

(一)语言技术定义

现代语言服务业很大程度上依赖于计算机和网络技术,因此,语言技术可以分为狭义和广义两种不同的概念。狭义的语言技术主要是指自然语言处理(NLP)技术,即利用计算机技术对语言和文字进行自动处理和加工。自然语言处理是研究能实现人与计算机之间用自然语言进行有效通信的各种理论和方法,它是计算机科学、人工智能、语言学关注计算机和人类(自然)语言之间的相互作用的科学研究。广义的语言技术指语言服务技术,即在向客户提供语言服务过程中的综合技术的应用。本节讨论的语言技术服务则指在语言服务过程中采用技术手段。

(二)机辅翻译技术

在语言服务的各种技术应用中,翻译技术是一个重要组成部分。关于翻译技术有不少相似的说法,国外的说法有"Computer Translation""Automatic Translation""Computeraided Translation""Computer assisted Translation""Machineaided Translation""Machine Translation""Machine-aided/-assisted Human Translation"等。国内的说法也有很多,如"计算机翻译""电脑翻译""电子翻译""机辅翻译""自动翻译""机器翻译""机器辅助翻译""电脑辅助翻译"等,极易混淆。相对上述机器翻译来说,计算机辅助翻译(Computer-aided Translation,简称 CAT)是个相对较新的概念,翻译界也有很多学者对此概念进行过讨论,如 Melby(1983),Hutchins(1986),Kay(1997),Slocum(1988),Kenny(2012),Bowker(2002),Wilks(2003),Kenny&Quah(2006),徐彬(2006),苏明阳(2007),钱多秀(2010),俞敬松和王华树(2010),张宵军、王华树、吴微微(2013),王华树(2016)等。

学者们对计算机辅助翻译的概念也有不同的分类方法。归结起来,可大致划分为狭义和广义两类。狭义的计算机辅助翻译技术通常是指利用翻译记忆的匹配技术提高翻译效率的翻译技术。它利用计算机模拟人脑记忆功能的机制,把翻译过程中简单、重复性的记忆活动交给计算机来做,将译者从机械性的工作中解放出来,全力关注翻译本身的问题。翻译记忆的工作原理是:用户利用已有的原文和译文,建立起一个或多个翻译记忆数据库(简称"记忆库")。在翻译过程中,系统将自动搜索记忆库中相同或相似的翻译资源(如句子、段落),给出参考译文,使用户避免无谓的重复劳动,只需专注于新内容的翻译。与此同时,记忆库在后台不断学习和自动储存新的译文,变得越来越"聪明",效率越来越高。翻译记忆技术,实际起了辅助翻译的作用,这就是"计算机辅助翻译"。翻译记忆数据库多见于电脑辅助翻译工具、文字编辑程序、专用术语管理系统、多语辞典,甚至是全自动机器翻译的输出之中。国外的 SDL Trados、Deja Vu、Wordfast、MemoQ、STAR Transit 等主流的计算机辅助翻译工具,以及国内的雅信 CAT、传神 TCAT、朗瑞 CAT、雪人 CAT、优译 Transmate 等工具属于此类技术范畴。广义的范畴则可指在翻译过程中应用到的多种技术。翻译技术包括人工翻译、机器翻译和计算机辅助翻译活动中所运用的各种类型的技术工具，涵盖翻译所需的专有工具，如语料处理工具和术语管理系统等，以及文字处理、电子词典、网络资源等一般工具。

其中，"机器翻译"和"计算机辅助翻译"这两个术语经常被混淆。一般来说，前者主要指的是由计算机进行翻译，而后者是由人工在计算机辅助下进行翻译。也就是说，机器翻译是以计算机为主导实现的翻译形式（Machine-dominant Translation），计算机辅助翻译是以人为主导实现的翻译形式（Human-dominant Translation）。实际上，目前的机器翻译研究和已经实现的机器翻译系统都脱离不了"辅助（Aids）"，如"前编辑（Pre-editing）"、"后编辑（Post-editing）"、"句法调序（Syntax-based Reordering）"等。

ISO 17100:2015（E）认为翻译技术是一系列用于辅助翻译、修订、校对等从业者的工具。翻译技术包括内容管理系统、写作技术、桌面排版、文字处理、翻译管理系统、翻译记忆工具和计算机辅助翻译、质量保证工具、修订工具、本地化工具、机器翻译、术语管理系统、项目管理软件、语音—文本识别以及其他现存的和未来将要出现的多种翻译技术。

笔者结合前人的研究，尝试对翻译技术做如下定义：翻译技术是指在翻译过程应用到的各种综合的技术，包括译前的格式转换、资源提取、字数统计、重复率分析、任务分析、术语提取、重复片段抽取技术、预翻译技术等；译中的辅助拼写、辅助输入、电子词典和平行语料库查询及验证、翻译记忆匹配、术语识别等；译后的质量检查、翻译格式转换、译后排版、翻译产品语言测试以及语言资产管理等技术，这些基本上涵盖了翻译服务人员在翻译过程中可能用到的信息技术。

随着市场和社会的进步而不断扩展，语言服务的内容包括但不限于翻译（笔译、口译、机器翻译等）、本地化、技术写作、多语文档排版、本地化测试、本地化项目管理、国际行业情报编译、本地化与国际化教育、研究、培训和咨询等。语言服务的内涵不断扩大,语言技术服务的内容也在不断扩大。

二、语言技术服务的功能

语言技术在语言服务的各个环节都发挥着越来越重要的作用。信息技术突飞猛进,语言技术和工具的功能不断改善,在一个追求效率的产业化时代,语言技术在现代语言服务中的作用日益凸显。具体每个技术在流程中发挥应有的作用,多种技术的综合使用,可以发挥个体翻译工具没有的整体功效,这就是当语言服务企业合理配置语言技术之后,企业整体效率提升的关键所在。归结起来,现代翻译活动中,语言技术具备下述主要功能:

(一)自动翻译处理

机器翻译是通过转换程序,自动化完成整个翻译转换,这个过程几乎不需要人工译员的参与,加快了我们对信息吸收和转换的效率。机器翻译的对象通常是语言标准化和一致性程度相当高、句法结构比较简单的技术性文本,尤其适用于周期较短、翻译任务量较大、质量要求不是特别高的翻译项目。市场上有不同的翻译需求,机器翻译在跨语言检索、即时跨语言沟通、跨语言广告、辅助翻译、移动翻译、网页翻译、跨语言电子商务等方面应用广泛。翻译被视为文本的跨时空旅行,文本生命得到延续,丰富了文本的生命价值,这种超越是人类译者本身无法实现的。例如,在跨境电商贸易中,小语种的即时沟通需要十分迫切,可以采用自动翻译的方式快速了解有关商业信息。根据 SDL 的统计,利用自动化的辅助翻译技术,可降低 30%−50% 的翻译成本,翻译内容市场投放时间可缩短50% 以上。2009 年 CSA 的调查显示,利用 HAMT(Human Aided Machine Translation)技术,翻译效率比纯粹人工翻译提高了 2 倍,成本降低了 45%(CSA,2015)。

(二)复用语言资产

在计算机辅助翻译环境下,对于翻译过程中重复出现的内容,翻译记忆系统会自动识别并插入译文区,节省了重复输入和语言组织的时间。这在翻译产品文档、客户支持指南等包含大量重复性内容的文本时,可以极大地节约时间。在实际使用过程中,翻译记忆库从原有的翻译数据库中提供"100％匹配内容"(完全匹配内容)或"模糊匹配内容"(相似但不相同的匹配内容)来帮助译者进行翻译。不完全匹配的内容会以其他颜色标注出来。当不匹配内容为数字时,可以自动替换成新数字使其完全匹配。对于同一类型的项目来说,在翻译记忆库中存储的内容越多,翻译后续内容的速度将越快。在非文学翻译过程中,存在大量的重复翻译,CAT 工具能够取代大量非必要的人力重复劳动,效率的提升可以直接带来收入的增加。此外,利用语料对齐技术(如 SDL Trados WinAlign),可批量回收双语语料,将配对后的平行语料导入翻译记忆库中,在遇到相关文本时,可调用原有的翻译,重复利用语言资产,节省翻译的时间与成本。

(三)控制翻译质量

在翻译质量控制上花费时间越多,翻译成本就越高。当今全球化竞争日益激烈,规模较大的语言服务提供商已经深刻认识到这种两难选择,借助 CAT 技术,可在很大程度上实现翻译质量检查的自动化。在翻译过程中,系统会自动进行拼写检查、语法检查、数字、单位、日期、缩略语、标签(Tag),以及多种格式检查等。在翻译之后,对于校对量非常大的稿件,比如客户要求每天校对 30 种语言 1000 页的文字,如果完全由人工校对,所花费的时间成本和人员投入成本,将非常之高。利用自动化校对工具,如 SDLQA Checker、QA Distiller 等工具,可在很短时间内完成大型项目的自动化检查。

影响译文质量的一个关键因素是术语统一的问题。如果术语表中总词条在几十个之内,由人工来校对还是可能保证的,但是如果客户提供的术语表高达数千条,很难依靠人工进行术语校对。采用术语库技术之后,可以在翻译过程中,保持术语在同一篇文章或同一个项目中的一致性(王华树,2013)。

(四)解析文档格式

在传统翻译模式下,对于文档中的分栏、文本框、页眉页脚、脚注等复杂格式编辑,以及 INDD、FM、PDF、HTML 等各种格式类型转换等方面,需要耗去译者大量的时间。传统的方式处理图文并茂的 Power Point 格式文件,通常采用单纯的删除原文后再键入译文的模式,在编辑与排版上就浪费了大量的时间。

借助计算机辅助翻译工具,译者主要关注翻译的文字内容,基本上不需要关注文档格式信息。例如,利用 SDL Trados Studio 翻译 PPT 文件,原文中待翻译的文字被软件自动提取出来,大段文字被分割成一目了然的自然句,以一个一个翻译单元的形式井然有序地排列在原文区。在译文区输入对应的汉语翻译时,SDL Trados 会自动保持与原文相同的字体和字号,对于特殊格式的文字,原文中会出现紫色的标签,翻译时只需要按顺序将标签插入译文中对应的位置即可。

在翻译过程中,SDL Tradog 还可智能处理如时间、数字、网址、单位等非译元素,译员无须手动输入,减少了译员的劳动量。诸如 SDL Passolo、Alchemy Catalyst 等本地化工具,会自动解析软件程序中的可译元素,保留非译元素。译者在翻译过程中,只需翻译可译元素,不会破坏源程序,不用进行重新编译。翻译完成之后可直接导出原文格式的文件,省去了文档类型转换的麻烦,减少了译者非生产性的工作时间。

(五)辅助翻译管理

在非计算机辅助翻译环境中,要处理字数分析和报价、重复率计算、工作量统计、文档合并拆分、流程管理与进度控制等多项任务,会耗费大量的时间。借助 SDL Trados 等 CAT 工具,可快速实现项目分析、重复率计算、文件切分、资源分配、项目打包、工作流程控制等功能,可优化工作流程,提高译者的翻译管理效率。

许多现代的翻译记忆系统,不仅能帮助译者保持术语一致,还能帮助翻译机构的大型翻译团队保持术语一致,即便这个团队成员之间的地理距离十分遥远,借助网络技术,也可以共享同一份术语表(徐彬,2010)。现代化的项目通常需要很多译者协作,而且同一文档中还会有很多重复的内容,不同译者很难做到翻译的结果完全一致,同一译者前后的翻译也很有可能出现差别。科技、法律、金融等含有大量专有名词的文本对术语及文风等方面的一致性要求极为严格,风格和术语的不一致将导致译文返稿。利用 C/S 或 B/S 架构的协同辅助翻译系统,全球各地译员可同时协作翻译一个项目,为译文和术语的一致性提供了有力的保障。在诸如 Lingotek、Word fast Anywhere、XTM 等在线 CAT 系统中,不同译员分配到不同的任务,但是任务之间有紧密的联系。第一个译员翻译某个在下文复现的句子之后,将其添加到在线记忆库中,那么其他译员在下文遇到此句话时,翻译记忆窗口就会提供已有译文,可直接采用,确保同样的内容只有唯一的一种翻译和内容的一致性。通常,翻译记忆库和术语库可以存储在网络服务器上,系统对断句规则、翻译记忆、术语库以及双语文档进行协同处理,可实现实时共享和更新。大型项目周期短、工作量大,为了按时保质完成任务,通常需要翻译和审校同步,借助上述系统,译员翻译完一个片段之后,审校可在后台进行校对,或者译者和审校及时沟通,确保译文的质量,极大地提升了翻译效率。配合其他文本处理技术、翻译管理系统以及内容管理系统等,语言技术构成一个整体,在语言服务实践中可发挥更大的作用。

第二节　语言技术服务的分类

语言技术服务的对象十分广泛,可谓包罗万象,本节将从不同视角列举语言技术服务于不同领域,旨在给读者大致的分类思路和启发。

一、语言转换技术

(一)机器翻译技术

机器翻译(Machine Translation,MT)是指将一种语言文本自动转换成另一种语言文本的过程和技术。通常可划分为三种:基于规则的机器翻译(Rule-based Machine Translation,RBMT)、基于统计的机器翻译(Statistical Machine Translation,SMT)和基于人工神经网络的机器翻译(Neural Machine Translation,NMT)。

基于规则的机器翻译依赖于海量的内置语言规则及每组语言对的数

百万双语词汇。这种技术解析文本,并创建一种过渡表达,从中生成目标语言中的文本。这个过程需要广泛的词义,包括形态、句法和语义信息以及大量规则。基于规则的机器翻译建立在巨大的词汇量和复杂的语法规则之上,用户可通过在翻译过程中不断添加术语来提高其翻译质量,系统的默认设置也可通过自定义词汇量来进行覆盖。基于规则的机器翻译具有可解释性、形态准确性的优势,在特定领域表现不错,但其明显的不足是需要大量的专业人力。同时,针对不同的语种的表示方式差异性比较大,很难用统一的规则进行转换,跨领域效果不好且难以迁移。

基于统计的机器翻译通过对平行语料进行统计分析,构建翻译模型、语言模型等子模型,进而组合不同子模型完成翻译的机器翻译技术。统计机器翻译的主要任务是为译文的生成构造合理的统计模型,并在此统计模型基础上,定义要估计的模型参数,并设计参数估计算法。主要思想是与语言无关的噪声信道模型(Noisy Channel Model)和区分性训练方法(Discriminative Training)。模型建立后,对所有的语言都可以适用。典型的统计机器翻译方法有基于词(IBM Model)、短语、层次短语、句法的翻译方法,实用性比较好的是短语翻译方法和层次短语翻译方法,必要的训练步骤包括词对齐、翻译规则抽取、语言模型训练等。

基于人工神经网络的机器翻译的核心技术是一个拥有海量结点(神经元)的深度神经网络,可以自动从语料库中学习翻译知识。一种语言的句子被向量化之后,在网络中层层传递,转化为计算机可以"理解"的表示形式,再经过多层复杂的传导运算,生成另一种语言的译文,最终实现"理解语言,生成译文"的翻译过程。其最大的优势在于产出的译文流畅,易理解,且更加符合语法规范。目前通用的神经网络机器翻译框架是编码器解码器模型(Encoder-Decoder Model)。其中编码器读取源语言句子,将其编码为维数固定的向量;解码器读取该向量,依次生成目标语言句子的词语序列。神经网络机器翻译模型中,典型的神经网络技术有卷积神经网络(Convolutional Neural Networks,CNN)、递归神经网络(Recursive Neural Network,RNN)、注意力模型(Attention Model)、谷歌Transformer等。

众多科技企业,如谷歌、必应、百度、阿里、腾讯、搜狗、有道、小牛、中译语通、新译等大力投入机器翻译研发,为用户提供多元化的自动翻译服务。例如,小牛翻译允许用户在机器翻译系统中按照不同的领域创建术语词典和翻译记忆库,并利用这些用户数据以简单、直接的方式改进系统产出结果。小牛翻译还提供用户数据增量训练模块,充分利用用户数据对其参数进行调优(fine-tune),训练出更适合用户场景的机器翻译系统。此外,UTH 即时翻译工具芝麻秘语和四川译讯的云译通,可迅速生成目标语言文件,同时最大程度保留原文件的排版样式。

(二)翻译记忆技术

翻译记忆技术是计算机辅助翻译(CAT)的核心技术。翻译记忆技术最重要的部分就是翻译记忆库,翻译记忆库以双语对照的形式,储存着已经翻译完成的语料。通过匹配储存在翻译记忆库中的双语语料,在译员翻译过程中给出参考译文,让译员能够在翻译过程中更加专注于新内容的翻译,从而降低了人工翻译的成本,保证了翻译的一致性,提高了翻译的效率。

例如某本地化公司承担了一款产品的用户手册的本地化工作,在译前处理时发现,新版的手册中有 50% 的内容与上一版本重复,那么译员只需要翻译另外 50% 的内容,这样既减轻了人工译员的工作量,又保证了新老手册的一致性。

翻译记忆技术将人类不愿意做的重复工作交给机器,而这样的工作恰恰是机器最擅长的。目前,翻译记忆技术已经广泛应用于国内外的计算机辅助翻译软件中,如 SDL Trados、MemoQ、Omega T、雅信 CAT、雪人 CAT 中,都集成了各自的翻译记忆库。同时,本地化行业标准协会(LISA)制定了 TMX 标准,解决了不同翻译软件生产商之间的翻译记忆库共享问题。此外,还有独立的翻译记忆产品,如上海一者信息科技有限公司 TMXMALL 为译员提供云端翻译记忆存储服务,同时还实现了翻译记忆库交换、分布式信息检索等功能。国内外类似的云端翻译记忆平台还有 TAUS、XTM Cloud 等。

(三)术语管理技术

术语管理技术是为了满足某种目的而对术语资源进行管理的实践活

动,通常包括术语的收集、描述、处理、存储、编辑、呈现、搜索、维护和分享等。根据市场需求和客户要求,国际上很多翻译技术和工具提供商开发了功能各异的术语管理工具。按照系统结构来划分,大体上可以分为独立式和集成式工具,独立式的如 Multi Term 和 Term Star,集成式的如集成在计算机辅助翻译(Computer Aided Translation)工具之中的术语管理模块。

二、语言处理技术

(一)舆情监控技术

舆情监控指通过整合互联网信息采集技术及信息智能处理技术通过对互联网海量信息自动抓取、自动分类聚类、主题检测、专题聚焦,实现用户的网络舆情监测和新闻专题追踪等信息需求,形成简报、报告、图表等分析结果。

随着科技的不断发展,尤其是社交媒体的迅猛发展,更是让信息和数据呈几何式增长。根据中国互联网络信息中心发布的第 39 次《中国互联网络发展状况统计报告》,截至 2016 年 12 月,中国网民规模达 7.31 亿,互联网成为舆论的产生地与传播扩散场所,舆论呈现出碎片化、非体系化的特点,而及时、准确、有效的舆情监控,能够为政府、企事业单位的舆情引导、政策或对策制定提供有效参考,预防负面舆情带来的不利影响。

传统的人工监控已经无法满足现实的需要,因此舆情的监控也开启了"大数据"的时代。《人民日报》、清华大学等机构都成立了专门的舆情监测机构,开展互联网舆情监测、研究等各项相关工作。国内企业也推出了一系列的舆情监控系统(如优讯、红麦、图灵、软云神州等),为不同的用户提供定制化的服务。成立于 2007 年的优讯公司提供的舆情监控服务,覆盖了电视、报刊、网络、论坛、博客、微博、微信、客户端、外媒等全媒体,并提供功能强大的模块,用户可以根据需要设置监控主题,自动生成舆情报告,自动预警负面舆情;红麦聚信公司专门针对微博开发了舆情监测系统,可根据用户预设的关键词在短时间内分析新浪、腾讯、网易、搜狐等主流微博平台的信息,并提供数据、图表分析报告和高效的预警服务。

(二)语音识别与合成技术

语音识别技术,也称自动语音识别技术或计算机语言识别技术,是指将人类的语音、词汇进行转换成计算机能够识读的输入语言。由于人与人的声音各不相同,还存在语调、方言口音等诸多差异,为机器识别人类语音带来了不小的困难。语音识别技术目前已经可以实现特定人语音、非特定人语音和多人语音的识别。

语音合成技术,也称文本口语转换(Text to Speech)技术,是指将文字信息转换并输出语音信息的技术。早期的语音合成技术采用的是参数合成的方法,但是这种方法合成的效果并不理想,达不到实际应用的要求。20 世纪 80 年代,随着计算机技术的发展,出现了波形拼接的语音合成方法,使合成语音的音色和音质得到了显著的提高。

语音识别与合成技术让机器不仅能够听懂人类语言,还能使用人类的语言传达信息,因此是建立人机语音交互的两项关键技术。当语音识别、合成技术与机器翻译等自然语言处理技术结合,便可以开发出更多更高级的应用,让人机交流的形式更加丰富多样。经过近半个世纪的发展,语音识别与合成技术的应用积累了一大批成功案例。苹果公司 iOS 设备中的 Siri 语音助手就是语音识别、合成技术和自然语言处理技术相结合的一个成功的应用,用户可以使用自然语言与智能设备进行对话,同时智能设备能够听懂并完成用户的各项指令。国内的科大讯飞作为一家长期专注于语音技术研究的公司,在 2016 年推出了"晓译翻译机",可以实现中英口语的及时互译,帮助不同语言的人在没有翻译的情况下实现交流。此外,以腾讯、百度为代表的国内互联网公司也推出了语音识别与合成技术的产品,还提供了语音开放平台,将基础服务供开发者免费使用。

(三)语料库技术

语料库,顾名思义就是由一系列语言材料组成的数据库。梁茂成(2010)指出,语料库是一个按照一定的采样标准采集而来的、能够代表一种语言或者某语言的一种变体或文类的电子文本集。简单来说,语料库就是对真实出现过的语言材料进行一定的加工整合而生成的数据库。

早期,由于计算机技术并不发展,人们收集语料采用的是卡片记录的方法,但这些卡片既不便于保存,也不便于查找,存在明显的缺陷。20世纪90年代以来,随着计算机技术的日臻发展,计算机已取代纸质卡片成为存储语料的载体,为语料库技术注入新的活力。针对语料库的研究也迅速发展,呈现出繁荣景象。

语料库与翻译实践也可谓是一拍即合。上文提到的翻译记忆库,就是与翻译实践联系最为密切的一种语料库。译员在进行翻译时,译文时常会受母语思维方式的影响,如果借助语料库验证译文的表达,就可以使译文符合目的语读者的语言使用习惯,尽可能避免"翻译腔",这也是语料库技术在翻译实践中的一种具体应用。近年来,一些语料库语言学家也提出,互联网也是一个虚拟的语料库,因为只要某个词被真实使用,就一定可以在互联网检索到,正因如此,这个语料库的体量大于任何一个传统意义上的语料库。

目前,基于语料库的研究已经逐渐扩展到语言教学、话语分析、翻译研究、词典编纂和自然语言处理等多个领域。国外大型的语料库有英国国家语料库(British National Corpus)、美国当代英语语料库(Corpus of Contemporary American English,COCA)、曼彻斯特大学翻译语料库(University of manchester Translational English Corpus)等,汉语语料库方面,有北京大学汉语语料库、国家语委现代汉语平行语料库以及北京语言大学汉语语料库等。

(四)技术写作传播

技术写作是传递技术信息的书面表现形式,是本地化服务的重要内容,是高层次本地化人才所应具备的一项职业能力。技术写作人员面向的是外部用户,主要负责用户手册、帮助手册等文档,其目标是确保用户借助文档中所提供的信息正确地使用产品或做出决策。这就要求技术写作人员不仅要全面深刻地了解产品的内容,还要能够洞察分析用户的需求,将用户需要的内容以文字的形式传递给用户。

技术写作是文字创作工作,我们熟知的 Microsoft Office Word、Adobe Frame Maker 都可以用于技术文档的写作,由于图片、标题、文字排版方式灵活,Quark express,In design 也被广泛应用于技术写作中。为了帮助技术写作更加高效地进行,技术写作人员还会借助各种其他的工具。在文档起草规划阶段,可以使用 Mind Manager、Free Mind 等软件建立思维导图;技术文档中的插图,可以使用 SnagIt、Visio、CoralDraw 完成截图、创作流程图、编辑图片的工作;技术文档一般会输出为 PDF 格式,高级版本的 Microsoft Office Word 可以直接输出这一格式,也可以使用 Adobe Acrobat 等专门工具,将创作好的技术文档输出为 PDF 文档。技术写作遵循六个基本原则:准确性、清晰性、简明性、一致性、客观性、可用性。好的产品技术文档简单易懂,能够帮助用户快速了解产品功能及特性,进而有效地提升用户体验,帮助提高产品的市场占有率,因此越来越多的公司开始关注技术写作。

(五)本地化技术

在全球化的背景下,本地化已发展成为语言服务业的核心组成部分。本地化是指将一个产品按特定国家/地区或语言市场的需要进行加工,使之满足特定市场上的用户对语言和文化的特殊要求的生产活动(中国翻译协会,2011)。本地化的应用十分广泛,除了传统的软件本地化、网站本地化,还包括在线帮助文档、移动应用、电子游戏等产品的本地化服务。为了实现产品或服务本地化的目标,过程中需要用到如格式转换、翻译、编译、排版、测试等技术。本地化团队由翻译、质量保证专员、排版专员、项目经理等成员组成,不同的岗位需要掌握不同的专业技术及工具,协同发挥各自的作用,实现产品或服务的本地化。

本地化翻译是本地化工程的核心工作,通常会采用计算机辅助翻译(CAT)工具(如 SDL Trados、MemoQ 等),充分利用翻译记忆,减少重复工作,提高工作效率。质量保证贯穿于本地化项目实施的各个过程,不论是翻译、排版、还是测试,都离不开质量保证。本地化翻译质量保证技术能够避免评测的主观性,同时还可提升 QA 工作的效率,预防本地化缺陷。常用的质量保证工具有两类,一类是内置于 CAT 软件中的 QA 模块或插件,另一类是独立的质量保证工具,如 ApSIC Xbench 等。本地化工程是本地化项目执行期间各种处理工作的统称。本地化工程中的一项重要工作是编译,需要采用不同的技术及工具,对不同的对象进行编译。本地化测试是指对完成本地化的产品进行测试,找出缺陷,确保符合预期的各项要求。本地化桌面排版需要根据不同语言的特点、排版规则和项目指南进行排版,涉及字体管理工具、图形处理工具、排版工具等一系列的工具。

(六)翻译项目管理技术

项目管理是管理学的一个分支学科,关注的是如何在项目实施过程中,运用专业的知识、技能、方法和工具,实现甚至超过项目的预期目标。翻译作为一种语言服务,也属于项目活动的范畴。翻译任务往往面临着时间紧、任务重等多种挑战,因此,有效应用项目管理的专业知识和技术,才能提升工作效率和质量,达到事半功倍的效果。

项目管理贯穿于语言服务项目的启动、计划、实施、监控、收尾等所有阶段,包括客户、译员、进度、文档管理等各项工作,需要各个部门协作完成。项目管理系统的功能各有侧重,主要包括语言处理、业务评估、人员管理、流程管理、项目监管、沟通管理、兼容扩展七个功能模块,企业可以根据自身需要选择合适的系统。

得益于计算机和互联网技术的发展,各种项目管理工具和软件的应用,让科技化和信息化逐渐成为语言服务项目管理最突出的特点,也确保了项目管理的各项目标能够高效地实现。SDL Trados、MemoQ 等计算机辅助翻译软件本身就自带项目管理的功能,可以实现任务的分配、认领、翻译和质量控制等工作。

(七)内容管理技术

企业不断发展,企业内部信息的量也在不断增长,如何有效归档、存储、管理、查找、利用这些信息问题,是每个企业都需要解决的问题。内容管理技术的诞生就是为了解决这一问题,帮助企业有效管理信息,将信息转变为资产。

企业内容管理主要包括六个方面的内容,分别是文档管理、文档影像管理、记录管理、工作流管理、Web 内容管理和文档协作管理。而电子表单、数字版权、E-mail 归档的管理,也愈发受到企业的重视。具体来看,内容管理就是要实现对这些内容的捕获与创建、存储与管理、查询与访问、权限管理和发布。有效的企业管理,能够提高工作效率、降低运营成本、增强管理透明度、提升用户体验。

　　国际上有不少科技企业在内容管理领域处于领先地位,在中高端市场中占据着很大的份额。如 IBM 的企业内容产品就包括 DB2 Content Manager 8.4、File NetP 84.0、IBM Workplace WebContent Management 6.0 和 Omni Find 8.5、EMC 公司的 Documentum 6 企业内容解决方案、Open Text 公司的 Livelink ECM10 也为企业解决内容管理提供了有效的方案。甲骨文公司(Oracle)在收购 Stellent 后,顺利进入内容管理领域,提供包括通用内容管理、通用记录管理、信息版权管理等一系列的内容管理产品。

第三节　语言技术服务的应用

一、企业语言技术服务挑战

　　在全球化与国际化盛行的今天,许多跨国公司都面临着需要将自己的产品信息、文档、网站等多语言化的需求,而国内企业为了"走出去",也面临着大量文本和信息国际化的挑战。这些需要国际化的信息通常种类繁多且需要翻译成大量不同语言版本,因此必须向语言服务投入大量的时间和金钱成本。

　　以全球三大消费电子产品公司之一的飞利浦公司为例,随着产品范围的不断扩大、新市场的不断开拓以及通信渠道的不断增加,飞利浦公司面临着非常复杂的多语言服务和管理的挑战。其需要制作 9,000 多份涵盖 28 种语言的产品目录,投放至不同的通信渠道。同时,飞利浦公司的官方网站上有约 1,800 个不同标志、超过 50,000 种具体产品以及 10,000 多份产品描述,这些内容需要制作 19 个语种的版本。此外,还有 35 种语言的产品传单需要制作。虽然内容繁多,但其中有着大量的重复内容,不断地重复翻译和制作相同的内容使得公司浪费了大量的人力、时间和金钱。

除此之外,飞利浦公司的业务需求不断增长,公司推出的新产品需要同时进军所有市场,营销和销售都需要尽可能高效地运行。在消费电子产品行业,首先占领市场便可获得非常关键的竞争优势。为了避免延迟,尽早占领市场的同时也会导致质量和一致性的降低,从而产生的与消费者之间的沟通不畅更会进一步损害飞利浦的品牌名声。

二、技术解决方案与实施

要想缩短在其他市场中上市时间,降低语言服务成本和间接费用,出版多语种内容,飞利浦公司需要一个高效、标准化的全球信息管理和语言服务的解决方案,以保证内容的一致性、消费者可接受的质量和全球信息管理效率。飞利浦公司选择了与 SDL 公司合作,设计并部署了一个真正的国际化全球信息管理平台,创建一个集中化、能够同时保证成本和效率、能够完成快速翻译及交付的解决方案。该解决方案从简化多语言翻译和网络内容出版过程的目的出发,现已能够通过扩展和量身定制的方式支持任何类型的内容,包括帮助信息、常见问题数据库、产品目录、用户文档和传单等。

该解决方案的核心是使用 SDLTMS 翻译管理系统,集中和自动化地管理和部署翻译记忆库。SDLTMS 能与飞利浦公司的内容管理系统(CMS)无缝集成,自动化所有与翻译交付相关的管理工作。其中包括将待翻译内容打包、发送给 SDL、提取待译文本、应用翻译记忆、分析翻译资产和报价、分配翻译内容以及从审查等。SDLTMS 还支持完整的翻译审查过程,能够为审核人员提供一致、用户友好和全功能的翻译审查环境。

此外,飞利浦在其内容、知识、目录和翻译管理系统中使用了 XML,SDL 也为飞利浦开发了一款集成的自动化出版系统,其为飞利浦提供了一个完整的综合多语言翻译及发布解决方案。术语管理也是飞利浦公司非常重视的一部分,他们希望能够通过术语管理提高其质量和一致性,而SDL 为其提供的全球信息管理解决方案中也包括了这一重要部分。目前,飞利浦公司在线部署了能够与 SDLTMS 无缝集成的 SDL 术语管理解决方案,可以通过任何 Web 浏览器访问已批准的公司术语。

三、方案效果评价与反馈

使用了 SDL 提供的全球信息管理解决方案后,飞利浦公司集成了其 9 个部门的翻译记忆,使得翻译成本降低了 30% 以上。同时,该方案缩短了整个审查周期,翻译内容的面市时间大幅缩短。原本新产品信息在其他语言的飞利浦网站上发布需要约四个月的时间,而现如今只需短短几周就能够在网站上与消费者见面。而其为 35 种语言和多种内容类型提供了可定制的工作流程,减少了超过 85% 的、涉及多语言管理的工作量。此外,术语管理解决方案保证了公司在大规模全球市场中的内容一致性,维护了公司的品牌名誉,还为公司节约了近 17% 的翻译和审查成本。

语言技术服务帮助飞利浦公司降低了成本,提高了工作效率,同时也增加了消费者对该品牌的信赖度,维护了品牌名誉。这一现象也在许多其他跨国公司的案例中得到了体现,可见现代语言技术服务对于公司的国际化战略部署以及生产效率的提高有着非常重要的作用。

第四节　语言技术服务的发展趋势

信息技术飞速发展为语言技术和工具的发展插上了腾飞的翅膀,国际化网站、游戏、移动应用、自媒体等新型翻译业务的激增,语言市场的全球化和商业化进一步加大了对语言技术的庞大需求,语言技术和工具得到长足发展,云翻译、语联网、敏捷翻译等新型商业模式和生产方式随之涌现,语言技术呈现出新的趋势。

一、语言技术工具功能不断优化

计算机辅助翻译工具从最初基本的模糊匹配和编辑功能,发展到译中自动文本输入和自动拼写检查,到译后的批量质量保证,再到翻译项目切分、项目打包、财务信息统计、过程监控、语言资产管理等,功能越来越多,呈现出整合的趋势。如当前的 Across、SDL Trados、XTM 等 CAT 工具,不再局限于翻译本身,其功能涵盖技术写作、术语管理、文档管理、内容管理到翻译和产品发布等环节,体现了将翻译技术同翻译流程各个环节整合的趋势。

在机器翻译发展的几十年里,机器翻译取得了很大的进展,特别是最近的 15 年,各种机器翻译技术不断出现,"机器翻译＋译后编辑"模式已经成为当前和未来职业译者的主流工作模式。信息化时代促进了机器翻译的快速发展,机器翻译在商业翻译中广泛应用。越来越多 CAT 工具提供商开始将机器翻译引擎内置于 CAT 工具之中。当翻译记忆库中没有匹配的时候,翻译记忆系统会自动调用内置的机器翻译引擎,翻译引擎快速提供备选译文,译者再根据初始译文进行编辑和加工,修改确认之后的内容可及时进入翻译记忆库,供后续循环使用。

二、智能语言技术发展迅猛

语音识别是一门交叉学科,语音识别正逐步成为信息技术中人机接口的关键技术,语音识别技术与语音合成技术结合使人们能够甩掉键盘,通过语音命令进行操作。语音技术的应用已经成为一个具有竞争性的新兴高技术产业。语音识别技术就是让机器通过识别和理解过程把语音信号转变为相应的文本或命令的高级技术。

在技术大发展的时代,语音识别和即时语音翻译技术将会极大发展,智能语音翻译及应答系统等如雨后春笋迅速蔓延移动应用市场,如 Siri、Vocre、SayHi Translate、百度语音助手、搜狗语音助手、讯飞灵犀语音助手等已经深入人们的移动生活,帮助人们甩掉复杂的键盘,通过识别语音中的要求、请求、命令或询问做出正确的响应,既可克服人工键盘输入速度慢,极易出差错的缺点,又有利于缩短系统的反应时间。2012 年 10 月,微软研究院主席瑞克·拉希德在"21 世纪的计算大会"上演示了即时英译汉口译系统,利用"深层神经网络(Deep Neural Network)"技术,模拟人脑,可以将英语口语翻译成中文口语,同时也会保留语调和节奏,翻译准确率维持在 80％～90％之间,这可谓是智能语音翻译发展的方向。语音识别技术发展到今天,特别是中小词汇量非特定人语音识别系统识别精度已经大于 98％,对特定人语音识别系统的识别精度就更高。国际上知名企业，如 AT&T、Google、日本 NTT DoCoMo、百度、搜狗、科大讯飞等都在进行相似的语音识别和翻译软件开发项目。随着人工智能技术、语音识别和自动翻译系统不断整合，机器和人之间的交流将会更加自然，智能语音翻译将在移动应用、信息查询、医疗服务、银行服务等领域中大显身手。

三、语言服务云技术前景广阔

随着语言服务信息化程度的日益发展，云计算技术迅速得到应用，对语言服务行业产生了重要的影响。云计算技术应用于现代语言服务行业，催生了云翻译技术。以云计算为依托，可快速搭建定制化的机器翻译系统，并且实现跨系统、跨设备、无安装的互联网服务访问。目前国内外很多机器翻译项目已经利用了云计算，基于云计算的物联网技术，集成了基于云计算的计算机辅助翻译和机器翻译引擎的翻译管理平台，将"私有云"、云计算接口（API）、云共享资源平台和云语言服务产业链整合，能大幅度提升翻译生产效率，降低成本（韦忠和，2012）。云计算同智能机器翻译技术相结合，融合基于大数据建构的语义信息和深层语言学知识，将会大幅度地提升机器翻译的质量，是未来翻译技术发展强劲的驱动力。

在技术驱动的时代，大数据平台、移动互联网以及全球化信息管理系统等促使语言服务业由个体化、"手工作坊"式工作模式走向流程化、协作化的大规模生产组织形式，且团队协作逐渐从内部向互联网众包过渡。线下单一的语言服务模式转向规模化、细分化和产业化。最典型的是"云翻译平台"，即"基于云端的翻译协作"（唐智芳、于洋，2015）。基于云的在线翻译平台可以通过资源匹配自动化、认证过程自动化、在线任务申请、在线协作编辑和可视化技术实现一站式的语言服务解决方案。

四、语言大数据技术发展迅猛

在大数据时代，世界是用数据来组成和表达的，我们人类已知的数据还只是冰山一角，尚有很多的数据还未得到充分的挖掘、理解和运用。在面临着海量的、混沌的、非结构化的数据时；要从当中去挖掘更多对特定行业有意义和价值的数据，迫切需要现代语言处理技术。在新技术驱动之下,新兴语言服务市场的重要特征是海量化、多元化、碎片化、多模态、即时性,这些特点更要求语言技术作为基础支撑。在大数据时代,以翻译为例,译文作为产品可以贴上数据标签,诸如原文的诞生、译文生命的延续、译者的风格、译文的版本管理、译文的跨国传播、译文的受众群体、译文的传播效果等诸多因素都可以进行追溯,这些都可以生成一个庞大的翻译数据库,这将对翻译教育和研究产生深远的影响。

语言服务业的发展离不开海量信息的高速处理,然而,在经济全球化的大背景下,信息呈指数增长,最近两年生成的数据量,相当于此前所有时代人类所生产的数据量总和,知识增长和分化已经远远超出了人类的最大承受范围,所以在信息时代,社会高速发展必须借助信息处理技术。大数据计算技术应运而生,解决了数据规模过大,传统计算方式无法在合理时间完成分析处理的技术难题,大数据技术和基于统计方法的自然语言处理技术在语音识别、机器翻译、语义探索等技术领域都取得了重大突破性发展。

在大数据时代下,语料库资源更加丰富,语音识别技术发展迅速;科大讯飞还开发了语音听写、语音输入法、语音翻译、语音学习、会议听写、舆情监控等智能化语言技术。以 SDL 为代表的翻译工具开发商也纷纷开发出基于网络的技术写作、翻译记忆、术语管理、语音识别、自动化质量保证、翻译管理等工具,并广泛应用于产业翻译实践之中。计算机辅助翻译软件也取得了重大发展,从单机版走向网络协作、走向云端,从单一的PC 平台走向多元化的智能终端。

人工智能已经走入人们生活,在语言服务领域,人工智能也开始崭露头角。高精度的语音识别、机器翻译,支持文字、音频、视频、图片等多种形式的计算机辅助翻译、先进通信视频技术推动语言服务变革。人工智能时代的语言服务市场将向平台集中,规模化平台出现;语言服务平台、MT 将与行业基础应用层深度融合;跨语言大数据将打破信息堡垒,提升科研能力;会议口译领域将实现机器翻译的场景化应用;融入了机器学习的机器翻译,将拥有像人一样的思考力,人工智能技术的发展将实现场景化的语言认知应用体验。

第五章

语言培训服务

第一节　语言培训服务的定义与分类

一、培训服务的定义与分类

培训服务业,也称培训产业,指在教育系统中引入市场化的运作方式,按照产业经营的方式来经营教育或教育中的一部分服务或产品,在教育领域内部建立起投入与效益良性循环机制。《WTO贸易服务总协定》把教育服务贸易分为四类:跨国供应、国外消费、商业存在、自然人流动。根据教育类别,教育服务可分为初等教育、中等教育、高等教育、成人教育、其他教育服务五大类(陆璟,2002)。培训服务可分为四类:(1)培训:企业培训、专业培训、客户培训;(2)儿童辅导:教育辅导、康复、补偿;(3)辅导考试:辅导、备考、考务;(4)补充服务:课外补习、暑期学校、语言培训、教育咨询。

培训服务是教育产业性的表现。产业性和事业性的共存是当今全世界教育的时代特征,是21世纪教育运作方式的体现。产业性意味着营利性,产业性的发挥使教育服务有更多的资源投入和更大的产出,而这更大的产出最终也会有利于教育服务公益性的发挥,教育服务的产业性有利于教育的发展(刘宇,王立群2006)。教育服务产业化指某种产业在市场经济条件下,以行业和社会需求为导向,以实现效益(包括社会效益和经济效益)为目标,依靠专业服务和质量管理,形成的系列化和品牌化的经营方式和组织形式,是一种在市场经济规律支配下所形成的规模经营的机制。教育服务还具有产品属性,具有重要的"溢出性"效应,即在教育服务数量有限的情况下,一些人消费了这种服务,就排斥其他人的消费。

二、外语培训服务的定义与分类

(一)外语培训服务的定义

根据国家标准《非正规教育与培训的学习服务质量要求》中对语言培训服务术语定义,语言培训服务指"以提供语言学习服务为核心的一系列活动与过程"。语言培训服务隶属于教育培训产业,属于社会教育体系,是国民教育系统的不可分割的部分,对学历教育起着有益的补充作用。语言培训服务企业的培训属于社会机构教育的形式之一。语言培训产业是基于广大消费者对再教育以及专业教育的需求而发展起来的以培训为基础的服务产业。其不仅与第一、第二、第三产业有很大的不同,而且与传统的主流教育也有很大的区别,有其自身的特点和发展规律。语言培训是生产知识的产业,是生产人力资本的产业,属于一种具有明显私人物品特征的"准公共产品"。多种交换关系存在于语言培训服务提供的这个过程,语言培训服务企业与社会、语言培训服务企业与教学人员、语言培训服务企业与学生之间的交换关系。其中社会和个人同时是语言培训资源的供给者和需求者;语言培训服务企业既是语言培训资源的供给者,又是培训服务的生产者。在培训活动中,需求者必须有偿购买供给者提供的服务,完成交换。这种供需和价值交换的客观存在形成了语言培训服务市场,它指语言培训服务交换过程中涉及的一切机构和部门等有形场所及其反映的各种经济现象和关系的总和(中研智业研究院,2019)。

(二)外语培训服务的分类

我国外语培训服务业按层次可以分为成人外语培训服务和少儿外语培训服务;按服务形式可以分为面授外语培训服务和网络外语培训服务;按语言培训服务性质可以分为学历外语培训服务和非学历外语培训服务。本节从服务业态、服务对象和服务企业类别三方面把外语培训服务分为四大类:考试类、应用类、职业类和补课类。

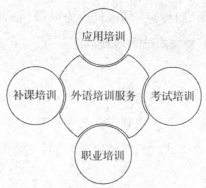

图 5-1　外语培训服务内容分类

1. 外语培训服务业态分类

①外语考试培训服务

这类外语培训的目的主要是为了参加各类外语考试,特别是英语类考试,培训的主要目标就是取得良好的考试成绩,顺利毕业、考上研究生、出国留学,因而培训的重点以提高考试技巧为主,并不注重英语的应用能力的培训。英语的考试培训包括 SAT、TOFEL、GRE、IELTS、大学英语四六级、考研英语等。目前中国市场上提供这类培训服务的公司中,北京新东方一枝独大。

②外语应用培训服务

这类培训的主要目标就是提高人们的英语应用能力,主要是听说能力,让受培训人将英语当成一门真正的语言来学,而不是一门考试的工具。目前在大中城市中提供这类外语培训服务的公司较多,如华尔街英语等。人们越来越认识到英语的实际应用能力在日常工作、生活中比考试成绩重要得多。随着中国经济的发展和对外开放,这一类外语培训需求将不断增长并最终会变成市场需求的主力。

③外语职业培训服务

这是一个相对高端和小众的市场,主要的服务消费者为大学生和职场人士,培训的目的是希望在某一领域具有专业化、高水平的外语能力,以便在求职和升职中能具有较强的竞争力。这类外语培训服务主要包括全国口笔译资格证书培训、托业(TOEIC)资格证书培训、博思(BU-

LATS)口译证书培训、职称英语培训等,为取得国家颁发的有关资质或行业准入以及职称而参加的英语培训。

④外语补习培训服务

在大中小城市中,这类培训已形成主流,主要原因是家长们为了提高孩子的英语学习成绩,将孩子送到相关的英语补习班,希望孩子能考上更好的高中和大学,授课方式大致与校园内相同,主要为孩子增加更多的学习时间。

2.外语培训服务企业分类

外语培训服务按照投资主体不同分为国资开办、外资开办、中外合资开办的培训服务企业。外语培训产业主要由四种力量组成:一是各大高校延伸出来的英语培训服务企业;二是外资教育培训服务企业,比如英孚教育、韦博英语等等;三是国内知名民营培训服务企业,如新东方、新航道、李阳疯狂英语等;四是一般民营培训服务企业。

图 5-2　外语培训服务企业分类

3.外语培训对象分类

外语培训服务按培训对象分类可以分为五类:小学生、中学生、大学生、职场人士、社会人员。其中,大中小学生是外语培训服务的主体消费人群,其次是职场人士,包括政府、金融机构和企事业单位的员工。社会人员消费群体占比较小。

图 5-3　外语培训服务对象分类

受中国考试体制的影响,小学、初中和高中的外语培训内容各有侧重。小学生主要是打好英语基础和培养学习外语的兴趣,对老师的英语发音要求较高,比较强调趣味性;初中生比较强调培养沟通能力和了解国外文化,因此出国夏令营很受欢迎;高中生升学压力较大,培训主要针对高考和出国考试,同时也有少量针对作文和听力的培训。

新东方外语培训从大学英语应试教育模式开始,逐步发展到中小学生英语培训市场。新东方满足了家长和中小学生迫切提高成绩的需求,出现了少儿 PETS 班、中考英语特训班、高考英语特训班。总体而言,新东方英语培训更注重实效性,对小学高年级学生、初中生和高中生吸引力巨大,市场庞大且相对集中,尤其是在一、二线城市,完全采用大班上课和分校直营模式。

第二节 外语培训服务①

一、我国外语培训市场发展现状

我国的外语培训服务产业无论从培训人数,还是培训的水平、质量、测试等都已经成为我国服务业的一大增长点。英语培训占比很大。经济发展使人们提高自身素质的紧迫感加强,人民币坚挺和留学政策利好催生留学热潮,也催热了英语培训市场。中国目前有近 3.2 亿人的庞大外语消费群体,外语培训服务企业总数在 5 万家左右,遍布全国 663 个城市,创造的年产值超过 30 亿元;如果加上与英语培训有关的书籍、磁带、软件出版等,年产值超过百亿元;2019 年;我国英语培训市场总值达 450 亿元,并且以每年 2000 万人的数量递增。

调查显示,根据目前语言培训市场的现状,语言培训服务依照不同的分类标准进行细分,按照培训语种的不同,可分为汉语培训、英语培训、非通用语种及少数民族语言培训等;按照培训服务提供方式的不同,可分为

---

① 本章节使用的部分数据和资料源自《中国语言培训行业发展现状及竞争战略研究报告 2017—2022 年》和《中国语言培训行业发展现状及竞争战略研究报告 2019—2024 年》。

面授语言培训、远程语言培训和混合式语言培训。语言培训服务不断引进新的高科技产品,推出远程语言培训服务方便学员自由支配学习时间,优质的界面、高效的服务环节逐渐被接受,成为未来的语言培训服务趋势。

三、线上外语培训服务

2018 年在线语言教育的用户达到了 3291 万人,预计未来几年在线语言教育用户规模将持续攀升。在线语言教育的用户规模不断增长主要原因如下:(1)与线下语言培训相比,在线语言教育性价比高,而且不受地域限制;(2)在线教育实现优质教育资源共享,能够有效缩小不同地区的教育资源配置差距;(3)在多种新兴技术的加持下,与外教直播交流、符合用户学习习惯等产品的场景属性和个性化属性更强;(4)移动端入口不断普及,用户接触在线教育的门槛降低。

从区域分布来看,一线城市已用过在线语言产品比例较高,主要集中分布在广州、上海、北京。其他城市的用户对于教学资源的需求更迫切,这是因为教学资源更薄弱,而在线教育没有这个地域的限制。在线教育在三、四线及以下的城市的比例在增加。一二线城市在线使用率较高,但三四线城市具有较大增量空间。

从职业分布来看,职业人群成在线语言教育的主流,在职及待业人群占比 66%,在校学生为主,占比 34%职业分布较分散,涉及制造业、贸易商业等职业人群。

从语种分布来看,英语为主要学习语种,占比 44.7%;汉语具有一定的稳定学习人群,其主要是学生群体及海外留学生群体;日韩语等小语种受众集中,占比 16.6%,近五成用户学习日韩语出于兴趣爱好、追剧的原因。法语、德语、俄语、西班牙语、葡萄牙语、阿拉伯语等其他语种,共计占比 9.8%。

在线网络学习与 APP 等移动设备互联网学习为首选,而用户更倾向 O2O 模式,线上线下相结合,基于面授教学,配合使用 APP 等在线产品和服务。智能手机的渗透率较高,已经成为在线语言学习的第一终端工具,使用移动端的用户比例甚至超过了 PC 端。数据显示,80％的用户选择通过智能手机方式进行语言学习。90 后对于 APP 等移动设备学习模式更偏好,高达到 64％。65％的 80 后选择在线网络学习模式,移动设备学习略低。语言类 APP 及相应 WEB 端是用户学习语言最省时、最便捷的途径。

未来在线外语培训服务的发展趋势是移动端培训将更加普及,随着在线教育的普及程度不断提高,用户规模将会进一步扩大。语言教育类将结合在线教育模式,基于移动终端的优势,多屏互动教学方式应用范围扩大,学习者不必再局限于电脑前,可利用碎片时间,随时随地进行学习。随着 5G 网络的普及应用,移动学习用户增长明显,将逐步成为在线学习的一种普及形式。PC 端在线教育产品的用户数量趋向稳定,月度覆盖人数增长开始趋缓。随着,移动端在线教育产品的增多、功能齐全,移动端用户还具有较大的增长空间。在线语言培训服务社区化和粉丝化经济趋势越来越明显,通过工具或社区将同爱好的人群聚拢,在社区内进行互动交流。根据标签化的形式将人群进行分类,挖掘更多商机,最大限度地发挥长尾效应。语言培训服务内容则是一个在线教育增加用户的购买率和黏性的核心,目前多以免费的共享资源和免费工具吸引用户,进而推出系统化的收费课程。符合互联网"先用户,后盈利"的规律。"工具＋内容＋社区＋交易"的模式更能多方位地聚拢潜在用户资源,最终形成盈利。

四、非通用语培训服务现状

全世界 7,000 余种语言中,除去英语、汉语、法语、俄语、西班牙语以及阿拉伯语等六种联合国通用工作语言外,其余统称为非通用语。目前,我国开设非通用语种专业的高校很多,语种类多达 100 余种。数据统计显示,非通用语种培训受市场关注度稳中有升,日、韩、西、法等语种关注度靠前。受地域及经济文化紧密度的影响,日语和韩语一直是国内非通用语种学习的主流,法语、德语和西班牙语在文化传播、中国留学生人数方面排在前列,但留学人数相较于日、韩仍然有很大差距,由于国内对欧洲语言学习的主要目的是出国留学和商务需要,因此相关语种学习人数也低于日语和韩语。

就地域分布而言,北京和上海的非通用语种培训服务企业数量远高于其他地区。根据统计,全国目前有超过990家非通用语种培训企业,北京和上海的机构数量分别达到了97家和92家,武汉和郑州的非通用语种培训机构的数量也位于全国前列。统计显示,北京、上海、广东三地注册的非通用语种培训公司分别为24家、24家和18家,排名前三。

就授课方式而言,大部分非通用语种培训机构仍然采用线下授课模式。据统计,有53%的非通用语种培训机构是线下的培训模式,有34%的非通用语种培训机构是线上培训机构,仅有13%采用线下线上融合的模式;非通用语种主要学习人群相对集中在经济发达的一、二线城市。81%的非通用语种培训机构并无APP或微信小程序。

随着我国"一带一路"倡议的推进,非通用语的需求会出现大量增长的趋势。"一带一路"沿线65个国家所使用官方语言、通用语言和主要民族语言多达85种,包含非通用语80种。其中,埃塞俄比亚、巴基斯坦、尼泊尔、南非等国的主要民族语言均在5种及以上。沿线合作各国多样化的语言国情对我国外语非通用语人才的培养数量提出了增量需求:一是要培养一批语言基本功扎实,且熟知对象国国情与文化的人才;二是要培养大量具有国际视野兼具某一学科专业知识的人才。

针对我国非通用语教育不能满足"一带一路"建设需求的现状,教育部印发《关于普通高中学业水平考试的实施意见》,除了英语之外,将日语、俄语、德语、法语、西班牙语在内的外语科目均列入学业水平考试范围,可作为学生毕业重要条件。《国务院办公厅关于新时代推进普通高中育人方式改革的指导意见》要求教育部教材局新研制德、法和西这三门语种课程标准。这些政策的出台将会促进非通用语培训服务市场的升温。但从非通用语的适用范围看,非通用语种培训服务属于高直细分市场,各类语种实际付费人群有限,因此单一语种培训市场规模较小,所以从商业运营角度来说,非通用语种机构扩大语种培训种类和延伸服务链是两个主要方向。可以通过布局留学产业链,围绕特定人群的阶段性需求,拉长用户生命周期。"一带一路"语种培训及延伸服务的市场需求初露苗头。欧亚路线上大部分国家都会以英语作为第一外语,再加上各类人工智能翻译机的出现,因此纯翻译人才的需求并不是主流,但围绕商务和特定就业可能才是未来市场需要。

五、外语培训服务存在的问题

《中国语言培训行业发展现状与竞争战略研究报告 2019－2024》调查显示[①],我国英语培训市场存在的主要问题是:(1)整体行业规划缺失;(2)教学质量控制体系规范性差;(3)培训服务质量参差不齐。

(一)整体行业规划缺失

由于语言培训服务市场准入门槛较低,培训服务企业从业范围重叠,语言培训服务内容同质化严重,培训服务机构过度饱和,形成了恶性竞争,导致低劣的价格战。培训服务供给能力明显过剩,从而培训服务质量无法保证,造成了培训市场混乱的根源。语言培训还处于局部发展阶段的新兴教育服务业,尚未建立统一的行业发展秩序,形成的行业约束仅限于区域性自主管理,语言培训服务企业的外部约束和督导缺失也制约了行业健康快速发展。我国某些语言培训机构存在着市场意识薄弱,培训带有盲目性、缺乏科学性系统性等问题。尽管语言培训服务市场发展迅速,但由于现有的研究在深度和层次上的不足,相关标准的缺乏,很大程度上减缓了行业规范发展的进程。政府对培训服务业发展现状的调查研究不够深入,尚未充分认识到引导行业标准建立的重要性,因此,对语言培训服务业的管理与监督环境比较薄弱。同时,行业协会的功能性缺失也是急需解决的问题。以上情况导致了目前培训服务业市场混乱局面的不断持续,从培训服务企业的准入、培训师资格鉴定,到培训服务企业的

---

① 部分观点转引自《中国语言培训行业发展现状与竞争战略研究报告 2019－2024》。

运作模式和培训效果的评估,都缺乏一套完整而有效的标准和规范,严重影响了培训服务业的健康发展。应明确制定行业标准化整体发展规划,针对语言培训行业缺乏相关标准的情况制定工作计划尽快制定出语言培训行业的相关标准。

(二)教学质量控制体系规范性差

我国语言培训服务的法律基础有《民办教育促进法》和《社会力量办学条例》,全国各省市均出台有包括培训服务企业设置审批、变更审批、终止审批、招生简章审批、年度审核在内的管理方法。经营管理模式与企业类似,要经过教育部门颁发办学许可、工商部门经营许可、税务部门纳税登记等层层审批,没有专门的监管部门和行业协会,多头管理导致监管失控的状态较为严重。审批部门多,管理部门少,且管理方式落后。管理的制度化和规范化程度较低。调查分析发现,当前存在一定比例的语言培训服务企业培训项目设置上缺乏监管,对市场推广宣传缺乏基本的审查和监督。语言培训服务企业多头审批,缺乏行业主管及应有的制度规范。要突破语言培训服务企业发展的瓶颈必须解决这些问题,明确划分好责权利关系并落实监督管理责任。这要求政府管理部门要加快推进相关的法律法规建设,完善并理顺管理体制。

(三)培训服务质量参差不齐

经济全球化和对外开放给我国语言培训服务带来了前所未有的发展机遇,大量语言培训企业以快速反应能力和灵活运作的模式顺应市场需求而生。随着市场的逐渐饱和,早期潜伏的隐忧逐渐演变为日益凸显的瓶颈,制约着语言培训服务业的整体提升,表现为语言培训服务企业普遍存在授课内容同质化、师资匮乏以及培训授课管理混乱,培训服务企业教师队伍不稳定、外教准入门槛低、投诉率居高等现象。这一问题背后隐藏的无序竞争使得外语培训服务质量缺乏应有的保障。对于语言培训服务提供者来说,语言培训服务是一种市场行为,市场行为容易导致教育目标被功利思想所驱使,使教育成为以营利为目的的手段。经济利益的驱使是导致语言培训行业质量存在问题的首要因素。大多数语言培训服务企业以企业化运作,其经营性质决定了必须依赖市场生存,为了发展,培训服务企业竞相追逐高于行业平均利润率的经济效益,从主观上存在追求利润最大化、投入最小化的可能。近年来,语言培训服务机构虚假广告,延迟开办,临时更换培训时间、地点、授课内容或教师等事件时有发生,成为"消费投诉热点",已经引起监管部门的重视(引自《中国语言培训行业发展现状与竞争战略研究报告 2019—2024》)。

六、外语培训服务标准

我国的外语培训服务标准制订起步较晚,"十二五"时期,国家质量监督检验检疫总局、国家标准化管理委员会等先后启动了"语言培训服务国际标准及系列国家标准研究""语言培训服务基本要求""国际标准制定技术研究"等一系列语言培训服务或相关领域标准化科研项目,由中国标准化研究院等单位组织承担(侯非等,2012)。目前,已经出台的相关标准有以下五项:2018 年 5 月发布的《语言培训服务基本术语》国家标准(GB/T34418—2017)、《语言培训服务教学人员评价》国家标准(GB/T33288—2016)、《非正规教育与培训的学习服务质量要求与语言培训》(GB/T29357—2012)、《语言服务培训评价》(GB/T33287—2016)和《少儿语言培训服务规范》国家标准(GB/T36741—2018)。

《非正规教育与培训的学习服务质量要求与语言培训》于 2012 年正式发布,围绕语言培训服务的过程和管理展开,对语言培训服务提供者提出了"语言培训服务流程"和"语言培训服务提供者管理"双维度的规范性要求。作为首部语言培训服务国际标准,该标准对于提高我国语言培训服务质量、规范我国语言培训服务行业秩序、推动我国语言培训服务产业健康发展,具有十分重要的意义。标志着我国以语言培训服务为突破口走出了一条从采标到自主创新再到实质参与的国际服务标准化发展道路(侯非等,2012)。

《少儿语言培训服务规范》国家标准(GB/T36741—2018)于 2018 年10 月 12 日正式发布。该《规范》历时六年完成,在 2019 年 4 月 1 日正式实施,由全国教育服务标准化技术委员会归口管理,中国标准化研究院、瑞思(天津)教育信息咨询有限公司、浙江省标准化研究院、新航道(北京)管理咨询有限公司、新东方教育科技集团等相关机构参与撰写,对少儿语言培训行业进行了全方位的约束及管理,也给消费者提供了如何判断一家培训服务企业优劣的参考依据。《规范》的内容不仅包括少儿语言培训服务相关的范围等,也涵盖了传统线下培训服务企业对教学人员专业知识、职业能力,服务场所安全、卫生与环境,设施设备等各方面要求,还对线上学习平台的教学内容、功能等服务环节做出了明确规范。

我国的语言培训服务认证标准和机制正在逐步建立。由国家认监委和行业部门指导、中国质量认证中心立项、瑞思学科英语参与撰写的国家认证认可行业标准《语言培训服务认证要求》于 2019 年出台。《语言培训服务认证要求》明确了行业标准和要求,作为行业标准,《语言培训服务认证要求》能够引领这个产业向更加健康、更加规范的方向发展,带动中国语言类培训服务企业参与国际竞争,也让中国的人才培养与国际化人才需求接轨。

语言培训服务是专业性很强的服务行业,其质量评价认证非常难,必须结合消费者协会数据、网络数据、培训服务企业数据、顾客调查数据等多方面数据,基于大数据对学生和家长的感知进行综合评价。该项目的主要工作包括国内外现有的语言培训服务质量评价指标体系,以服务质量感知六性和 PZB 模型为基础,基于语言培训服务顾客接触点,采用德尔菲法和服务蓝图技术,并结合大数据的指标获取和评价技术,建立以学生和家长的感知为核心,考虑语言培训服务企业服务过程、服务能力和服务特色创新,具有新视角、可操作的语言培训服务认证体系。中国质量认证中心在国家认监委和行业部门指导下研制国家认证认可行业标准《语言培训服务认证要求》,该标准主要由研究机构、国内外语言培训服务企业、消费者等利益相关方共同制定。中国质量认证中心和清华大学、北京语言大学、中国标准化研究院、大数据公司、包括瑞思英语在内的语言培训服务企业等相关方合作,共同开展语言培训服务认证项目研究和认证试点。

七、外语培训服务发展趋势

随着中国经济的繁荣和对外开放程度的扩大,中国的英语培训市场会持续发展。纵观我国外语培训服务市场的发展,未来将呈现出以下几个明显的趋势:

(一)语言培训服务市场更加多元化

语言培训服务在市场中呈现更加多元化的特征,民营语言培训服务企业坚持以市场为导向,培训服务理念先进、管理机制灵活,是语言培训市场的主要提供者。高校培训服务企业在师资、设施及资源等方面体现专业支持和品牌优势。外资与中外合资培训服务企业专门为中国学员设计教学方案,以优良的教学质量和外教师资优势迅速打开市场,在竞争激烈的语言培训市场占有较大的份额,可以预测,未来三者在语言培训服务市场的竞争将更加激烈。

(二)语言培训服务更有针对性

随着语言培训市场的竞争的不断加剧,迫使培训服务企业的语言培训服务企业的课程设置、服务提供划分针对性更强,以满足学员的不同需求。根据目前语言培训市场的现状,语言培训服务机构提供汉语培训、英语培训、小语种培训、少数民族语培训等。培训服务方式包括面授语言培训、远程语言培训和混合式语言培训。学员的培训选择方案理性化也进一步催生了高端培训市场细分。

(三)语言培训服务企业更趋于品牌化

语言培训行业随着市场竞争的日益激烈,英语培训市场进入品牌竞争的阶段。英语培训品牌竞争的核心是教学方法、外教的供应渠道和质量、教学产品的持续研发力量和进行市场推广的整体实力的竞争。语言培训服务企业的自身形象是指消费者对培训服务企业的态度、印象以及认知。其中"硬性"属性主要包括培训机构的来源地、机构的规模、建立的时间长短、所占市场份额等,"软性"属性包括培训学校的师资力量、教师自身的形象、公司的社会信誉、对社会的责任以及给消费者的信赖感等方面。培训服务企业有良好的形象,消费者也就会有意愿购买公司提供的产品以及服务,如果说机构本身在公众心目中没有好的印象,那势必会降低消费者的购买意愿。

语言培训服务企业的服务形象是指整个培训过程中服务自身所带来的利益特征相对应的品牌属性,其中"硬性"属性包括培训的费用、教学的风格、教学质量等因素,而"软性"属性则指学员的学习效果以及服务的兑现程度等因素。培训服务企业品牌形象与培训服务形象两者是相互影响的,对培训服务企业品牌形象的塑造有着至关重要的作用。

第三节　外语考试服务[①]

外语测试服务是语言培训服务的一个重要组成部分,巨大的外语测试服务需求是促进语言服务市场不断发展的强大动力。目前,我国主要的外语考试服务有高等学校入学考试英语测试、全国大学英语四六级考试、英语专业四八级考试、托福、雅思、GRE、GMAT 考试、剑桥商务英语考试(BEC)、公共英语等级考试(PETS)、博思职业英语考试(BULATS)、汉语水平考试(HSK)等,形成了完整的外语考试服务体系和产业链,外语考试及培训市场据保守估计产值超过百亿,每年仍显示出在不断增长的趋势。

一、外语学业考试服务

(一)全国大学英语四六级考试(CET4、CET6)

大学英语四六级考试是一种为教学服务的标准化考试,目标是更准确地测量我国在校大学生的英语综合应用能力,尤其是英语听说能力,以体现改革开放对我国大学生英语综合应用能力的要求。大学英语四六级考试成绩采用满分为 710 分的计分体制,不设立及格线;成绩报告方式为

---

① 本节考试相关信息根据教育部考试中心网站和百度网站路理。

成绩报告单,即考后向每位考生发放成绩报告单,内容包括总分、单项分等。为使学校理解考试分数的含义并根据各校的实际情况合理使用考试测量的结果,考试委员会向学校提供考试分数的解释。有关考试的具体情况如下:考试主办机构为全国大学英语考试委员会办公室;针对人群为高等院校(非)英语专业在校大学生,自 2007 年底起不对社会人员开放;考试时间为:每年的 6、12 月份;报名由各高校组织统一报名。据不完全统计,全国每年参加大学英语四六级考试的总人数超过 450 万,每年的考试服务产值为 2 亿元左右。

(二)英语专业四八级考试(TEM4、TEM8)

英语专业四八级考试(Test for English Majors－Band418),全称为全国高校英语专业四八级考试,自 1991 年起由高等学校外语专业教学指导委员会主办。根据教育部《高等学校英语专业基础阶段英语教学大纲》规定,高等学校英语专业的教学任务是"继续打好语言基本功,进一步扩大知识面,重点应放在培养英语综合技能,充实文化知识,提高交际能力上。"同时,《大纲》也指出,"大纲的执行情况主要通过统一测试进行检查。""测试和评分应力求尽快达到标准化和电脑化,使具有科学性、客观性和可行性。"

考试时间是每年 3 月和 6 月,对象是英语专业大二和大四学生。非英语专业与非在校生无法参加考试。考试及格者由高等院校外语专业教学指导委员会颁发成绩单。成绩分三档:60—69 分是合格;70—79 分是良好;80 分及以上是优秀。考试合格后颁发的证书终身有效。从 2003年起,考试不合格能够补考一次,补考合格后只颁发合格证书。题型包括听力、阅读、改错、翻译和写作。考试内容涵盖英语的听、读、写、译各方面,2005 年又加入人文常识。口试另外考核,名称为"英语专业四、八级口语与口译考试",合格后颁发"英语专业四、八级口语与口译证书",但是口试的参加人数不多。

二、外语留学考试服务

我国现行的主要留学外语考试服务按照不同层次和目的分为四种:

托福、雅思、GRE 和 GMAT。如报考欧美研究生,需要参加 GRE 考试,报考商学院研究生需要参加 GMAT 考试。

(一)托福考试

外语考试服务规模较大的托福考试由美国教育考试处(ETS)举办,全名为"英语为外语的考试"(TOEFL,The Test of English as a Foreign Language),中文由 TOEFL 音译为"托福"。我国境内的主办机构为教育部考试中心。全世界每年大约有 60 万人参加 TOEFL 考试,美国在全球 170 多个国家和地区设立了 1700 多个 TOEFL 考试中心。至今为止,美国和加拿大共有 2300 多所院校规定,凡是外国学生申请到该校入学学习的,必须提供 TOEFL、GRE、GMAT 或 TSE 的某一项或两项标准化考试证明,只有达到学校所要求成绩的报考者,才能取得入学和申请奖学金的资格。除了美国、加拿大等国家的高等院校外,欧洲(如英国)、大洋洲(如澳大利亚、新西兰)以及东南亚的一些国家和地区也都已承认 TOEFL 考试成绩。近几年来,国内的联合国驻华机构和外企及合资企业在聘用职员时,或国际基金组织在测试职员的英语水平时,也都采用 TOEFL 考试成绩为标准。

托福考试随着我国的对外开放经历了一个快速增长的发展期,据不完全统计,2008 年我国托福考试人数达 10 万,到 2018 年,中国托福考生人数达到 30 万。美国教育考试服务中心(ETS)发布的数据表明,中国托福考试(TOEFLiBT)考试人数每年以 32% 的幅度增长,每年的考试服务市场规模估计为 6 亿-7 亿元,10 年形成的市场产值超过 60 亿元。2017 年数据显示,自托福考试(TOEFL)推出以来,全球考生已经突破 3,000 万人,全球市场规模达到 100 亿美元,成为全球认可度最高的英语语言测试。ETS 发布的数据还表示,2017 年托福考生的增长速度在其他国家也十分明显,全球托福考生增长幅度达到 11%,这也预示着托福全球考生总数已连续七年在全球范围内保持高速增长。

作为服务贸易和文化贸易的一个重要组成部分,托福考试服务增长的因素众多,除了全球化和经济增长因素,全球人口流动和移民与留学因素,考试本身的服务质量也是促进全球托福考生数增长的重要因素。首先,托福考试服务是最权威的英语语言能力测试,得到超过 130 个国家和地区的逾 8500 所院校认可,该项考试服务的权威性和高质量对考生具有巨大的吸引力;其次,托福考试的服务便利性也为考试带来正面效应,考生仅需半天即可完成考试;再次,考试费用属于业内平均水平,在大多数市场,托福考试是最实惠的选择。

TOEFL 考试形式有三种,分别是:PBT—Paper Based Test 纸考,满分为 677 分;CBT—Computer Based Test 机考,满分为 300 分;IBT—Internet Based Test 网考,满分为 120 分,新托福满分是 120 分。TOEFL 考试的有效期为两年,从考试日期开始计算。例如,2017 年 1 月 18 日参加考试,这次考试成绩的有效期是从 2017 年 1 月 18 日到 2019 年 1 月 18 日。

IBT 全称 Internet Based Test 的缩写,即托福网考或新托福考试。新托福考试是以互联网为依托,取代了以计算机为依托的托福考试(CBT)。美国、加拿大、法国、德国和意大利等国 2005 年末首先开始网考,并于 2006 年向全世界普及,是 TOEFL 考试机构 ETS 对考试的形式做出的大改变,现在国内考 TOEFL 也开始用计算机考试。

美国的大学在录取工作中越来越看重托福成绩,尤其在 2012 年不少美国大学提高了对国际生的托福录取标准,托福录取分数线上调幅度大概在 10 分,比如凯斯西储大学(全美排名 38)由 2011 年的 80 分上调至 2012 年的 90 分。俄亥俄州立大学由 2011 年的 71 分上调至 2012 年的 79 分。这一现象在高端名校中更为严重,综合排名前 20 的埃默里大学甚至建议学生考取托福 100 分以上。中国内地的大学生去纽约、伦敦、中国香港的大学留学,托福成绩都是被申请学校认可的。英国内政部于 2014 年 4 月初结束与美国教育考试机构 ETS 的合作,不再承认其旗下托福(TOEFL)和托业(TOEIC)两大英语考试的成绩,部分准备赴英留学的中国学生反映已接到校方要求重新提供英语考试成绩的通知。

我国的 TOEFL 考试主要针对的人群为高等院校毕业生和社会人员。现行托福每年考四次,可选择笔试或计算机考试,成绩有效期为两年。具体考试地点、日期和考位查询可登录考试中心托福网考报名网站查看，或致电考试中心托福网考全国服务热线咨询。报名方式为网上报名，每次考试报名将在考前 3 天截止。

(二)雅思考试

雅思考试(IELTS)是另一个市场规模很大的英语考试服务，全称为国际英语测试系统(International English Language Testing System)，是著名的国际性英语标准化水平测试之一，于 1989 年设立，由英国文化教育协会、剑桥大学考试委员会和澳大利亚教育国际开发署(IDP)共同管理，我国由教育部考试中心负责管理。雅思考试的理念是"沟通为本"，在全球首创从听、说、读、写四方面进行英语能力全面考核的国际考试，能够立体综合地精准测评考生的英语语言运用能力。作为全球认可度最高的国际英语测试，雅思考试获得全球超过 140 多个国家和地区的 10,000 所院校机构的认可，每年有超过 300 万人次参加雅思考试。

在美国，已经有超过 3,300 所院校认可雅思成绩，包括所有常青藤盟校和广受中国学生青睐的世界排名前 100 的美国院校。部分美国名校和专业(如麻省理工学院)会在招生简章中明确表示"更倾向于雅思成绩"或"只接受雅思成绩"。雅思考试不仅获得 100% 加拿大院校的认可和偏爱，更被加拿大作为衡量其移民申请者英语能力的重要证明。此外，雅思考试也是中加学生合作计划(SPP)和学习植入计划(SDS)唯一被认可的语言考试。

雅思考试获得了所有英国院校的认可，也是英国名校衡量申请者英语水平的优先选择，更是申请英国技术移民签证时指定的语言能力证明，雅思考试是英国高校与签证申请的双保险。无论是申请英国任何学校、专业或是职业机构，雅思都是首选。

澳大利亚和新西兰的所有院校都认可雅思成绩，雅思也是澳大利亚和新西兰移民或其他非移民申请中最早被广泛认可的语言考试。因此雅思考试是赴澳大利亚和新西兰留学、移民、工作的最佳选择。

雅思考试在中国香港也得到广泛认可，多所大学资助应届毕业生参加雅思考试,在政府公务员综合招聘中,雅思考试作为英语语言能力的证明已实行多年。目前,香港的很多公司在招聘的时候,雅思成绩也是必备要求之一。

2016 年 12 月,中英两国教育部长签署了《中英教育合作伙伴行动计划》,中国教育部考试中心与英国文化教育协会将合作开展英国英语考试与"中国英语能力等级量表"对接研究。雅思和普思继与欧洲语言共同参考框架实现对接后,成为率先与"中国英语能力等级量表"开展对接研究的国际英语考试。2019 年 1 月 15 日,中国教育部考试中心与英国文化教育协会在京联合发布雅思、普思考试与"中国英语能力等级量表"对接研究结果,标志着中国英语语言能力标准与国际考试接轨,中英在教育领域的合作进入新阶段。对接结果呈现了雅思、普思考试各技能和总成绩对应"中国英语能力等级量表"相关等级的临界分数。如雅思听力得 5 分,即达到"中国英语能力等级量表"四级水平;阅读得 5.5 分,达到五级水平;口语得 6 分,达到六级水平;总成绩得 8 分,即达到八级水平等。

雅思考试服务的主要人群为目前我国到英国及其他国家学习的访问学者和攻读硕士、博士学位的人员。具体考试地点、日期和考位查询可登录考试中心雅思网考报名网站,或致电考试中心雅思网考全国服务热线进行查询。

考试报名可以进官方网站随时网报。

(三)GRE 考试

GRE 考试是针对研究生层次的外语考试服务,全称为 Graduate Record Examination,中文名称为美国研究生入学考试,适用于除法律与商科外的各专业,由美国教育考试服务中心(Educational Testing Service,简称 ETS)主办。GRE 是世界各地的大学各类研究生院(除管理类学院、法学院)要求申请者所必须具备的一个考试成绩,也是教授对申请者是否授予奖学金所依据的最重要的标准。CRE 首次由美国哈佛、耶鲁、哥伦比亚、普林斯顿四所大学联合举办,初期由卡耐基基金会(Carmegie Foundation)承办,1948 年交由新成立的美国教育考试服务中心负责,之后每年在世界许多地方举行。我国教育部国外考试协调处负责中国归口管理和承办 GRE 等国外考试。有些美国名牌大学把 GRE 专项成绩作为"推荐成绩",即希望申请人能够提供此项成绩,无论本科专业是否与其申请研究生专业相同,但不把它作为必须要求。这时若能提供专项 GRE 成绩是很有利于申请奖学金资助的。因此,如果申请人有较为充足的时间,不妨参加专项考试,一个优秀的专项 GRE 成绩很能反映申请人的专业素质与学习潜力。GRE 普通考试是申请研究生入学的必要考试,申请法律或商学研究生以 LSAT 或 GMAT 替代 GRE 普通考试。目前美国许多学校是可以提供 GRE 普通考试或 GMAT 考试成绩的任何一种作为商业类研究生应提供的成绩,法律专业的研究生可以以 GRE 普通考试成绩替代 LSAT 成绩。

GRE 考试分两种,一是通用测试或称学能测试(General Test 或 Aptitude Test);二是专业测试或称高级测试(Subject Test 或 Advanced Test)。GRE 亦有写作考试(机考),目前已是必考项目。GRE General 考试主要是考察应试人的基本英语能力以及对英文方面知识所涉及的广度和深度,大部分中国学生参加的是这项考试,笔考包括语言和数学两部分,均为 800 分,满分为 1600 分,成绩五年内有效。GRE General 考试需时三个小时,共四个部分,全部为选择题,不实行答错倒扣分的方法。四部分的考试内容有两部分属于词汇项(Verbal),两部分属于数学项(Quantitative)。

(四)GMAT 考试

GMAT 是 Graduate Management Admission Test 的缩写,中文名称为管理研究生入学考试。GMAT 作为一种标准化考试,目前已被广泛地用于商学院的录取评估,是当前最为可靠的测试考生是否具备顺利完成工商管理硕士项目学习能力的测试系统。GMAT 的出题机构管理研究生入学委员会(Graduate Management Admission Council)是总部位于美国的一个非营利性教育协会,其会员包括世界各地许多知名的商学院。GMAT 考试由美国经企管理专业研究生入学考试委员会(CMAC)委托美国考试服务中心(ETS)主办,在我国的主办单位是中国国外考试协调处(CIECB)。

三、外语资格考试服务

(一)剑桥商务英语考试

剑桥商务英语考试是中国教育部考试中心和英国剑桥大学考试委员会合作的一个考试服务项目,于 1993 年起举办商务英语证书(BUSI-NESSENGLISHCERTIFICATE)考试。英国剑桥大学是一所世界闻名的高等学府,剑桥大学考试委员会为其下属机构,该委员会所提供的英语作为外国语(EFL)的系列考试获得世界各国的承认,被用于入学、就业等各种用途。该系列考试是一项水平考试,根据商务工作的实际需要,对考生在商务和一般生活环境下使用英语的能力从听、说、读、写四个方面进行全面考查,对成绩合格者提供由英国剑桥大学考试委员会颁发的标准统一的成绩证书。证书终身有效。商务英语证书考试(BEC)由中英双方合办。英国剑桥大学考试委员会负责命题、阅卷和颁发证书,中国教育部考试中心负责报名、印制试卷和组织考试。

剑桥商务英语考试的目的是对非英语国家国际型公司员工的英语能力作出评定,根据听、说、读、写四个方面的成绩来考察员工是否适合即将参与的工作岗位。由于近几年许多外企进驻国内,对应聘员工的要求也越来越专业,因此 BEC 证书也就成了外企认证的唯一标准。目前该委员会在世界一百多个国家设有考点,每年参加考试的人数超过 100 万人,形成了年均大约 200 亿元人民币市场规模的考试服务。

BEC 考试共分三个等级:BEC 初级(BEC Preliminary Level,缩略为 BECP),BEC 中级(BEC Vantage Level,缩略为 BECV),以及 BEC 高级(BEC Higher Level,缩略为 BECH)。考生可根据自己的英语水平自由选择相应级别报考。该考试每年举行两次,时间为每年五月的第三个周六(BEC 初级),第四个周六(BEC 高级),六月第一个周六(BEC 中级);每年十一月的第三个周六(BEC 初级),第四个周六(BEC 高级),十二月第一个周六（BEC 中级）。上午笔试，下午口试，口试进度慢的将延至第二天。如考试时间有变化，以考点当年公布的为准。

考试分两个阶段进行。第一阶段为笔试，包括阅读、写作和听力，第二阶段为口试。考试时间分别为：BEC 初级，阅读写作 90 分钟，听力约 40 分钟（含填写答题卡时间），口试 12 分钟；BEC 中级，阅读 60 分钟、写作 45 分钟、听力约 40 分钟（含填写答题卡时间）、口试 14 分钟；BEC 高级，阅读 60 分钟、写作 70 分钟、听力约 40 分钟（含填写答题卡时间）、口试 16 分钟。

BEC 考试报名不受年龄、性别、职业、地区、学历等限制，任何人均可持本人身份证件到当地考点报名。报名无开始时间，在允许的范围内任何时间都可以报名，但有截止时间：上半年报名截止时间为 3 月 10 日；下半年报名截止时间为 9 月 20 日。

（二）全国英语等级考试

全国英语等级考试（Public English Test System，简称 PETS）是教育部考试中心设计并负责的全国性英语水平考试体系，是典型的中外合作社会化的外语考试服务。作为中、英两国政府的教育交流合作项目，在设计过程中它得到了英国专家的技术支持。建立 PETS 的目的是为改进原有的英语教育考试，并提供一套科学、合理的评价标准。改变现行英语考试过于封闭，与社会需求脱节的被动局面，向社会提供一个面向公众的权威英语考试服务，在全国范围内促进英语的普及与提高，适应我国改革开放和对外交往不断扩大的形势。根据通过测试应试者的水平颁发英语等级证书，满足社会上英语能力鉴定和人才市场的需求。该考试对考生听、说、读、写等能力进行全面考查，促进英语教学改革，扭转"听不懂，讲不出，难以与外国人直接交流"的不利局面。此类多级别的英语考试体系，也符合当今社会终身学习、终身教育的时代潮流。

PETS 考试于 1999 年由教育部考试中心发布，同年 9 月，PETS 一级至四级考试在北京、天津、辽宁、浙江、山东、河南、广东等 10 省市试举行。2000 年考试扩大到 15 个省市，考试人数近 100,000 人。1999 年 9 月起有关单位用 PETS 五级考试正式取代了过去的 WSK 的 EPT 考试。我国教育考试中心正在用 PETS2、PETS4 考试的标准改造高考与研究生考试中的英语考试。现正计划用 PETS2 考试分别取代自考公外的英语一级考试。PETS 一级至四级的考试报名和组织工作由各省级考试承办机构负责。PETS 五级取代了全国外语水平考试（WSK）中的 EPT 考试，其考试时间、组织方式与全国外语水平考试（WSK）的其他科目一致。根据教育部考试中心有关规定，自 2007 年 9 月起，全国英语等级考试不受理义务教育阶段的学生报考，各地考点不得受理义务教育阶段学生集体或个人报名参加全国英语等级考试。但在 2007 年上半年一级 B 考试中，取得笔试或口试单科合格者，可以报名参加次年上半年一级 B 考试。

PETS 考试分为五级，这五个级别的考试标准建立在同一能力量表上，相互之间既有明显的区别又有内在的联系。PETS 对考生听、说、读、写等能力进行全面考查，以语言交际需要为掌握外语的目的，将语言能力分为"接受""产出""互动"等，根据各种情景和任务，在特定主题和话语下，结合相关的语言行为进行考查，具体级别如下：

PETS1 是初始级，通过该级考试的考生，其英语水平基本符合诸如出租车司机、宾馆行李员、门卫、交通警等工作需要，以及同层次其他工作在对外交往中的基本需要。该级考生应能在熟悉的情景中进行简单信息交流，例如询问或传递基本的事实性信息，能适当运用基础的语法知识，并掌握 1000 左右的词汇以及相关词组。

PETS2 是中下级，通过该级考试的考生，其英语水平基本满足进入高等院校继续学习的要求，同时也基本符合诸如宾馆前台服务员、一般银行职员、涉外企业一般员工，以及同层次其他工作在对外交往中的基本需要。该级考生应能在熟悉的情景中进行简单对话。

PETS3 是中间级，通过该级考试的考生，其英语已达到高等教育自学考试非英语专业本科毕业水平或符合普通高校非英语专业本科毕业的要求，基本符合企事业单位行政秘书、经理助理、初级科技人员、外企职员的工作需要，以及同层次其他工作在对外交往中的一般需要。该级考生应能在生活和工作的多数情景中进行对话,不仅能够询问事实,还能询问抽象的信息,应能提供或是要求得到更清楚的阐述,同时也能表达简单的观点和态度,掌握 4000 左右的词汇以及相关词组。

PETS4 是中上级,通过该级考试的考生,其英语水平基本满足攻读高等院校非英语专业硕士研究生的需要,符合一般专业技术人员或研究人员、现代企业经理等工作对英语的一般要求。该级考生应能参与一般性或专业学术话题的讨论,能够就某一观点的正确与否进行辩论,详细说明一个问题、一个过程,或一个事件。此外还能就某个一般性问题或所熟悉领域的问题进行阐述,能较为熟练运用语法知识,掌握 5500 左右的词汇以及相关词组。

PETS5 是最高级,通过该级考试的考生,其英语水平能够满足在国外攻读非英语专业硕士研究生或从事学术研究工作的需要。该水平的英语也能满足他们在国内外从事专业和管理工作的一般需要。该级考生应能就各种话题自如地进行对话与讨论。能就其工作的多方面与他人进行深入广泛的交流,并能进行有效辩论,清楚地阐述自己需求,能熟练运用语法知识,掌握 7000 左右的词汇以及相关词组。

截止到 2019 年安徽、云南、天津、山东、湖北、吉林、河北、重庆等地全国英语等级考试停止。国务院 2014 年颁布的关于深化考试招生制度改革的实施意见中,明确提出外语考试改革目标,即到 2020 年基本建成标准统一、功能多元的现代化外语测评体系。

(三)全国翻译专业资格考试

全国翻译专业资格考试(China Accreditation Testfor Translatorsand Interpreters,CATTI)是中国对外交流和国际交往的桥梁和纽带;而发展翻译事业也是中国对外改革开放的必然要求。CATTI 是受国家人力资源和社会保障部委托,由中国外文出版发行事业局负责实施与管理的一项国家级职业资格考试,已纳入国家职业资格证书制度,是一项在中国实行的、统一的、面向全社会的翻译专业资格(水平)认证,是对参试人员口译或笔译方面双语互译能力和水平的评价与认定。根据《翻译专业资格

（水平）考试暂行规定》，中国外文局组建翻译专业资格（水平）考试专家委员会。该委员会负责拟定考试语种、考试科目、考试大纲和考试命题，研究建立考试题库等有关工作。中国外文局翻译专业资格考评中心负责该考试的具体实施工作。

翻译资格考试作为一项国家级翻译人才评价体系，多次得到国家人力资源和社会保障部及业内资深专家的好评。考试在国内和国外都产生了良好的影响。2005年，中国翻译协会出台了《中国翻译协会会员管理暂行办法》，对个人会员入会条件进行规范。个人会员包括资深会员、专家会员、普通会员和荣誉会员。其中普通会员要求取得初级以上翻译专业技术职务任职资格，或获得中国翻译专业资格（水平）考试三级以上口、笔译证书，或在翻译学术界或翻译专业领域内有一定贡献或实践经验；专家会员要求取得副译审以上专业技术职务任职资格，或获得中国翻译专业资格（水平）考试一级以上证书，或在翻译学术界或翻译专业领域内有显著成绩和贡献，有丰富实践经验。现行的各级翻译人员的评审按地域或行业组织，因此，其评价水平也体现了地域性标准。实施翻译专业资格考试制度，将有助于翻译标准的社会化。中国翻译专业资格（水平）考试，作为国家的一种资格制度建立并组织实施，是为培养高层次翻译人才做的一项制度建设，是推动翻译队伍建设的一件大事，适应中国人才战略的要求。2008年，翻译专业硕士学位教育与翻译专业资格（水平）证书实现接轨，翻译硕士学位教育与职称制度及行业规范管理有机结合起来，翻译考试作为人才评价的标准将逐步起到引导翻译教学、服务翻译教学的作用。

全国翻译专业资格（水平）考试，分为四个等级，即：资深翻译，一级口译、笔译翻译，二级口译、笔译翻译，三级口译、笔译翻译。各级别"口译综合能力"科目考试采用听译笔答方式进行；二级"口译实务"科目"交替传译"和"同声传译"以及三级"口译实务"科目的考试均采用现场录音方式进行。考试及报名时间为每年的下半年11月。

(四)职称外语考试

全国职称英语考试全名是全国专业技术人员职称外语等级考试,是由国家人事部组织实施的一项国家级外语考试服务。在经济全球化和我国对外开放不断发展的新形势下,对专业技术人员的外语能力提出了更高的要求。外语能力是衡量专业技术人员素质和专业水平的一个重要方面,在中央批准的各专业技术职务试行条例中,对不同系列、不同职务层次专业技术人员的外语能力都做出了规定。凡依据相应专业技术职务条例受聘担任相应专业技术职务的人员,均应按照《关于专业技术人员职称外语等级统一考试的通知》(人发〔1998〕54 号)规定的范围,报名参加相应语种、级别的外语水平测试,但对 1977 年全国恢复高考前入学的大中专毕业生,现从事图书资料、文博、档案、群众文化、工艺美术、中医、中药工作以及在大中专学校、技工学校从事公共政治理论课、中古字号课程教学的专业技术人员,可选考古汉语(医古文)或外语。1977 年恢复高考后入学的大中专毕业生,必须参加职称外语等级考试。

人事部组织的全国统一标准的职称外语考试遵循"严格要求、实事求是、区别对待、逐步提高"的原则,根据英语在不同专业领域活动中的应用特点,结合专业技术人员掌握和使用英语的实际情况,对申报不同级别专业技术职务的人员的英语水平提出了不同的要求。本考试采取统一大纲、闭卷笔试的形式进行。考试设英语、日语、俄语、德语、法语和西班牙语六个语种,每个语种分为 A、B、C 三个等级。其中,英语划分为综合、理工、卫生三个专业类别。其他语种不分专业类别。考试主要测试专业技术人员阅读理解外文专业基础文献的能力。报考人员可根据自己所从事的专业工作,任选一个语种及有关类别参加考试。考试报名时间为每年11～12 月,考试时间为每年 3 月 29 日,其他科目请留意考试通知。官方网站:http://www.yyks.cn/,咨询热线:010－59797966。考试取得合格成绩的人员,由各省市人事厅/局颁发人事部统一印制的《职称外语等级考试合格证书》;证书长期有效。A 级合格证书可申报高级职称,B 级合格证书可申报中级职称,C 级合格证书可申报初级职称。

(五)新汉语水平考试服务

汉语水平考试培训服务是国际中文培训服务的另一个增长点,随着来华留学生数量的逐年增加,面向留学生的汉语水平考试培训服务也不断增长。汉语水平考试(HSK)的目的是更好地服务于汉语学习者,是由中国教育部中外语言交流合作中心(原名国家汉办)组织中外汉语教学、语言学、心理学和教育测量学等领域的专家,在充分调查、了解海外汉语教学实际情况的基础上,吸收原有 HSK 的优点,借鉴近年来国际语言测试研究最新成果,推出的新汉语水平考试。新 HSK 是一项国际汉语能力标准化考试,重点考查汉语非第一语言的考生在生活、学习和工作中运用汉语进行交际的能力。

新 HSK 分笔试和口试两部分,笔试和口试相互独立。笔试包括一至六级;口试包括初、中、高三个级别,口试采用录音形式。目前,新 HSK 考试在国内若干地区开展了试点并已走出国门,在韩国、日本及东南亚产生了广泛的影响,针对母语非汉语人士的汉语口语水平培训也应运而生。

在汉语考试的推动下,海外汉语教学的标准意识极大增强,汉语考试的标准已逐渐被许多国家的政府教育部门、大学及企业采纳为教学评价、能力评估和选人用人的依据。一些高校和孔子学院将汉语考试作为日常教学的标准;新加坡政府早在 2010 年就公布法令,将 HSK 考试作为政府人员晋升和加薪的依据,印度尼西亚国民教育部、马来西亚教育部、澳大利亚昆士兰州教育局、英国苏格兰学历管理委员会等,也将汉语考试纳入其教育体系;韩国三星、现代、LC,德国奔驰,日本佳能、三菱,英国文化委员会等企业和机构也明确将汉语考试作为选人用人的标准。

第四节　外语翻译服务

一、外语翻译市场总体需求

中国翻译协会提供的数据显示,目前全国有职业翻译 6 万多人,相关从业人员保守估计超过 50 万人,注册翻译公司超 9000 家,实际承揽翻译业务的公司更有数万家之多。但大多数规模都很小,翻译人员多是兼职,翻译水平参差不齐。高水平、受过专业训练的翻译人才缺口高达 90% 以上,根本无法满足巨大的市场需求。

一名优秀的专业翻译在职场是"超白金"群体,尤其是同声传译员被称为"21 世纪第一大紧缺人才"。同传的薪金现在是每小时 4000～8000 元。但目前不仅是同声传译,国内经过专业训练的翻译人才十分紧俏,翻译市场需求主要集中在以下五个方向(表 5-1):

表 5-1　国内外语翻译市场五类需求

需求方向	描述
会议口译	会议口译在各种口译中处于高端,包含交替传译和同声传译两种口译技能。除了应用于国际会议之外,也广泛应用于外交外事、会晤谈判、商务活动、新闻传媒、培训授课、电视广播、国际仲裁等领域。小语种的会议口译人才更是凤毛麟角。
法庭口译	国际诉讼、仲裁事务日益增多,对法庭口译人才的需求也日益凸显。法庭口译译员的工作环境比较特殊,对法律知识也有较高要求目前国内这一领域的高级口译人才几乎是空白。
商务口译	比会议口译的要求稍低一些,企业在国际贸易、谈判等过程中需要大量商务口译人才。
联络陪同口译	企业、政府机构都有大量的外事接待事务,联络陪同口译的任务就是在接待、旅游等事务中担任口译工作。
文书翻译	与口译相比,这类笔译人才的需求量和缺口更大。企业、出版社、翻译公司等机构都需要具备专业素养的文本翻译人才。

二、企业外语翻译需求

在企业"走出去"过程中,语言服务具有多种类型,而且随着市场需求和信息技术的发展,语言服务类型将发生变化。王立非、崔启亮、蒙永业(2016)调查了企业语言服务类型的总体需求,并对不同行业的语言服务类型需求进行了对比。

(一)企业翻译服务的总体需求

在参加调查的 213 家机构中,笔译、口译、文案写作是语言服务的最大需求,86.9% 的企业具有笔译需求,48.8% 的企业具有口译需求,

30.5％的企业具有文档写作需求。作为对外交流的基本方式,笔译和口译需求占机构语言服务类型的较大比例。其次是技术文档写作,说明我国企业开始重视技术传播在国际化进程中的重要性,将影响文案后续本地化翻译及印刷、排版的成本和效率,体现企业和产品的市场形象,影响用户的阅读体验。

(二)不同行业的翻译服务需求对比

不同行业的企业对翻译服务的需求不同,针对参加调查的企业所属行业,列出了企业数量较大的八类行业,分别是信息技术与通信、工程机械、能源、传媒、医药与医疗器械、建筑、金融、咨询。根据参加调查的企业提供的数据可以看出,不同行业需求的翻译服务差别较大:信息技术与通信行业、传媒、医药与医疗器械行业对语言服务需求的类型最多样化;口译需求最大的是工程机械、能源行业。

第五节　中文培训服务

一、国际中文培训概况

(一)孔院汉语培训服务

"一带一路"倡议中指出,要实现"政策沟通、设施联通、贸易畅通、资金融通、民心相通",不仅为中国和世界经济的发展提供了新动力,也为文化软实力传播和国际中文教育提供了不可多得的现实机遇。我国与"一带一路"沿线国家经贸和产业合作催生文化软实力传播和国际中文教育服务的潜在需求。根据官网统计数据,截至 2019 年 12 月 1 日,全球 162个国家(地区)建立 541 所孔子学院和 1170 个孔子课堂。其中,亚洲共135 所,欧洲 187 所,非洲 61 所,美洲 138 所,大洋洲 20 所。此外,我国还在 72 个国家开办了共 1000 个孔子课堂,其中,亚洲 90 个,非洲 48 个,欧洲 346 个,美洲 560 个,大洋洲 101 个。

孔子学院是中外合作建立的非营利性教育机构,致力于满足世界各国(地区)人民对汉语学习的需要,增进世界各国(地区)人民对中国语言文化的了解,加强中国与世界各国教育文化交流合作,发展中国与外国的友好关系,促进世界多元文化发展,构建和谐世界。主要开展汉语教学和中外教育、文化等方面的交流与合作。提供汉语教学、汉语教师培训、汉语教学资源、汉语考试、汉语教师资格认证、教育文化信息咨询、中外语言文化交流活动等,是各国学习汉语言文化、了解当代中国的重要场所,受到当地社会各界的热烈欢迎。

(二)国际中文培训市场规模

据中国产业调研网发布的《2016—2022年中国对外汉语培训市场深度调查分析及发展前景研究报告》显示,2010年市场规模为34.7亿元,而2015年市场规模达到71.7亿元,增长了2倍多。另一方面,2010—2015年我国国际中文培训市场规模增长率都保持在10%以上,2014年增长率更是达到了21.57%。2019年,全球共有汉语水平考试考点近千个,其中海外考点530个,分布于112个国家;中国国内考点330个,分布于71个城市,市场规模达到百亿元。随着中国国力增强,越来越多的来华留学生选择攻读学位课程。在亚洲,72%的非日韩来华留学生选择攻读学位课程。这是因为除了日韩,中国相较其他亚洲国家,在教育资源、水平等方面具有较大优势,留学成本也比欧美低得多。

二、国际中文培训服务

(一)来华留学生教学服务

国际中文培训服务的另一个重要方面是来华留学生教育。来华留学生教育呈现出以下三个特点:(1)来华留学生规模逐年稳步增长,留学生的生源结构不断优化;(2)留学生生源国覆盖范围稳定,,"一带一路"沿线国家留学生人数开始大量增加;(3)中国政府奖学金规模持续扩大,助力来华留学。

(二)来华留学生中文培训服务

我国国际中文培训始于1950年。当时,清华大学筹建东欧交换生中国语文专修班,接待了第一批外国留学生。生源国从最初的 3 个东欧国家,发展到如今 203 个国家和地区;接受院校发展到现在的 775 所高校、科研院所和其他教学机构。目前,我国开展国际汉语教学的院校有 330 余所,每年接受来华学习汉语的外国留学生约 4 万人。除接受外国学生来华学习汉语之外,孔子学院和孔子课堂的发展,为海外学生学习汉语提供了便捷途径。

(三)国际汉语教师资格认证培训服务

2007 年 11 月,国际汉语教师协会将按照《国际汉语教师标准》实行国际汉语教师资格认证标准,对国际汉语教师从业人员实行国际汉语教师资格认证。《国际汉语教师标准》由汉语教学基础、汉语教学方法、教学组织与课堂管理、中华文化与跨文化交际、职业道德与专业发展五部分组成。许多希望从事国际汉语教学工作的教师接受培训,并参加考试,取得资格认证,从事国际汉语教学和培训工作。

三、孔院汉语培训对贸易投资的影响

国内外研究显示,各国拥有孔子学院的数量与海外贸易和投资活跃度之间存在关系。除其他影响因素以外,对外贸易与投资量也会受到语言文化熟悉度的影响(Melitz,2008)。两个语言不通的国家要进行双边贸易和投资,需要使用一种共通的语言来进行谈判。使用同一种语言的贸易双方,极大地降低了交易成本。只要某一国或两国的人口中有一部分使用相同的语言,双边贸易和对外直接投资就会增长。当然,学习外语既有成本也有收益。成本与收益受以下几个因素的影响发生变化,如目的语与母语的相似度、使用母语及目的语人口的数量。两门语言之间的差别越大,学习新语言花费的时间和精力就越多,从而阻碍了新语言的习得。说母语(目的语)的人越少(多),收益越小(大),学习新语言的动力越弱(强)。

连大祥(2012)研究了孔子学院汉语培训服务对贸易和投资的影响。该研究提出三个假设:(1)孔子学院的建立增加了中国对孔子学院所在国的贸易和对外直接投资。主要理据是孔子学院对学习汉语(继而对贸易与对外直接投资)的影响幅度与中国远期贸易伙伴国家的规模和贫富程度呈负相关关系。具体地说,设立在较贫穷国家的孔子学院对中国对外贸易和直接投资的影响更为显著。(2)孔子学院对所在的发展中国家的贸易及对外直接投资的影响较之对发达国家的影响更为显著。(3)孔子学院的设立对中国对外直接投资的影响显著于其对中国出口贸易的影响,并且较之于发达国家,这种影响于发展中国家更为显著。

以上三个假设的主要理据是国际贸易是一种短期的交易,而对外直接投资则建立在长期资本的基础之上。跨国企业非常善于调整自身,吸收利用所在国的增值业务,并通过对外直接投资来长期占有并攫取垄断性利润。就交易而言,协商双方掌握一门共通的语言是很重要的,但如果要投资长期性的增值业务,那么如何进行连贯性的规划、工程建造、生产分配,则显得尤为重要。因此,正如所有跨国企业一样,中国的跨国企业在对外投资时,要反复斟酌人力资本的要求。这就要求中国的跨国企业同资本输入国双方建立一种交易语言。就这一点而言,汉语普通话似乎是交易成本最为低廉的语言。由于对外直接投资(相较于对外贸易)更加具体更加深入,所以语言因素显得尤为重要。直接投资企业涉及中国与输入国直接广泛的联系与交流,对语言的需要也是多层面的。除此之外,由于对外投资的机会多于资源,这就鼓励中国跨国企业在能使用中文作为交易语言的地方进行投资。最后,信任因素在抉择是否进行对外直接投资时至关重要,然而贸易通常只考虑成本因素。文化和语言的熟悉程度能促进信用的提升。孔子学院作为信息交流平台,减少了贸易投资伙伴国之间的信息不对称。在这一点上,孔子学院对发展中国家(相当于非发达国家)的对外直接投资(相对于对外贸易)方面更为有利(连大祥,2012)。

连大祥(2012)的研究结果显示,当孔院主办国是发达国家时,孔子学院对于中国向主办国出口与投资量没有明显积极作用,无法证明孔子学院对贸易产生影响。而当孔院主办国为发展中国家时,开办孔子学院有助于向该国或该地区投资或贸易。此外,该研究还发现,孔子学院对外商投资的影响要大于对外贸易。该研究发现的孔子学院对我国对发达国家投资和贸易没有正面作用的结论与一般常理和认识不一致,需要进一步加以验证。我们认为,孔子学院对开办国的对外服务贸易和投资都会产生影响,一国开办孔子学院越多,汉语言文化的传播就越广,对我国文化的了解和认同就越高,从而促进两国的经贸往来。

四、国际中文教育存在问题

(一)国际中文教育教学发展不平衡

虽然中国经济崛起,全球兴起学汉语的热潮,但国际汉语教学仍存在众多问题。在西方发达国家,把自己的母语作为第二语言或外语进行教学与研究,已有百年以上历史,无论是理论上,还是实践上,均成果斐然。而汉语目前还处于"大语种、小外语"的境地,与英语等强势语言相比,汉语在世界各大语言中仍处在弱势,汉语推广任重而道远。面对当前世界范围内的汉语热,国际汉语教学行业的发展尚不能完全满足社会的需要,教学行业主要存在以下问题:

1.教师资源严重不足

世界上学习汉语的人数已超过 3000 万人,与全球的汉语学习者数量相对比,现有的师资力量极其薄弱,国际汉语教师人力资源有待补充。据国家汉办预测,2019 年,全球学习汉语的人数将超过 1 亿,如果按照师生比 1∶20 来估算,届时全球汉语教师需要 500 万,以此推算,全球汉语教师缺口超过 400 万,教师数量的严重匮乏已经成为汉语教学所面临的最突出的问题之一,已成为制约汉语教学发展和推广的瓶颈。最大的师资需求是在国外,国外汉语教师来源很杂,从业数量与教学水平有限,都会影响汉语教学的质量。

2.教学思想和手段创新不足

几十年来,我们的国际汉语教学大多遵循单一的教学模式,在总体设计上少有创新,教学顺序与模式传统,不利于外国学生的学习,也不利于国际汉语教学的教学发展。现代国际汉语教学一定要对教学思想创新,对传统的教学观念、传统的教学方式和传统的教学模式进行变革,以适应现代学习者的要求。教学手段的创新,是指应用现代高新技术手段改进教学,如研制多媒体汉语教材,从事多媒体汉语教学;运用多媒体网站技术,建立国际汉语教学中心网站,实现网上汉语教学,并使国际汉语教学研究成果网络化,开辟远程国际汉语教学。这样才能尽快突破学习上的地域限制,连接更广阔的海外市场,使更多的汉语学习者利用现代信息技术,随时随地接受国际中文教育。

(二)国际中文培训服务市场不成熟

1. 缺乏有影响力的领导品牌,没有形成产业化发展规模

伴随着不断扩大的汉语学习市场,国际中文培训进入了一个快速发展的时期。但当前国际汉语教学缺乏应有的行业与市场规范,使得该行业进入和退出的门槛相对很低,众多机构和个人受利益驱使,纷纷进入了这个似乎充满暴利的行业,多数服务供应商没有长远办教育或办企业的规划,只片面地追求短期行为和眼前经济效应,不能形成好的机制、好的管理。

2. 发展无序、缺乏一套合理有效的行业规范和市场机制

国际汉语教学是一门科学,国际汉语教学有别于母语为汉语的语文学习,是一种综合性跨学科的研究,它不仅包括基础理论研究,更是一种以应用为主的语言教学。但由于市场需求发展迅速,主管部门缺乏对非教育培训市场的引导和监管机制,致使国际汉语教学培训市场仍处于没有行业标准的阶段,市场处于无序竞争状态。

第六章

语言服务型翻译人才培养目标与培养模式

第一节　翻译人才的培养目标

关于课程教学目标的定义,在《朗文语言教学及应用语言学辞典》中有明确的介绍。其将课程教学目标分成两种类型:一是总目标,它属于教学的基本目标,也称为基本原因;二是具体目标,它是指课程需要实现的目标要求,全面阐述学生在教学阶段中必须完成的任务。这种概括属于教学目标宏观层面和微观层面的定义。从宏观层面上看,课程设计者认为,课程目标是学生可达到的教学目标,且是一般性教学目标;从微观层面上看,它是指学习者在课程学习后获得一定的知识和技能,从而实现某些具体目标,如听、说、读、写、译等。结合这种分类,笔者设计出翻译人才培养宏观的总目标和具体的阶段性培养目标。其中,总目标表明人才培养的目的和原因(本科生、硕士、博士生学历学位教育目标);阶段性培养目标是指经过阶段性学习后学生可达到的层次,这一阶段的目标可再细分为总目标和具体目标。

结合我国翻译专业当前发展情况可知,翻译属于一项新兴学科,但是各地院校的人才培养存在一定差异。有的院校注重翻译通才,也有院校认为应实行一元教育或复合型人才教育。碍于篇幅问题,本节仅针对翻译人才分类标准探究翻译专业本科和研究生教育中的人才培养总目标,并对两者存在的传承关系进行宏观层面的分析。

一、翻译人才的分类

关于翻译人才分类这个问题,学者戴炜栋等表示,对于高级外语人才可分为两种类型:学术研究型和应用职业型[①]。这两种类型人才的共同点在于:专业知识丰富,思想品德高尚,具备较强的学习—实践—创新能力,差异在于能力侧重点、知识领域和创新研究能力等层面各有侧重。对于这一观点,笔者表示认同,但关于翻译人才类型,笔者认为应当结合实际翻译教学情况划分成专门性人才和翻译通才更为妥当。如此划分的原因在于:一是体现翻译理论与实践的均衡发展;二是展现翻译的学科通融性。实际上,这四种人才类型并非完全独立,而是存在一定的关联性。准确地说,翻译通才属于具备扎实理论和实践能力的翻译型人才,不仅展现出学习者的职业技能,还表现出学习者的学术研究能力,表现出学习者的全面均衡发展;若学习者的关注点在翻译实际练习上,那么应将其划分为职业型人才;若学习者关注的是理论学术探索,那么应属于学术研究型人才。但是,这两种人才类型都属于专门性的翻译人才。不管学习者属于专门性人才还是高级的翻译通才,其语言基础、翻译技能、语言运用技能和翻译知识等都相当扎实,拥有较高的职业道德和学术道德素养。而这些人才在技能娴熟度、能力高低和知识面上必然存在一定差异。

二、不同类型翻译人才的培养目标

阐述人才分类后还需要分析研究生教育、翻译本科教育和翻译人才分类之间的关系。对此,笔者认为,本科教育旨在为社会提供一般性的翻译通才,这种人才翻译知识和口笔译能力较强,可完成一定的跨文化语言文字交流工作;这类人才在此基础上继续学习和钻研,接受研究生教育可变为更高层次的人才,包括高层次翻译通才、应用职业型人才和学术研究型人才。相比之下,高层次翻译通才在理论和实践技能上都更加优秀,学

---

① 许志才.高素质应用型人才培养路径研究[J].国家教育行政学院学报,2010(06):63—66.

习者经过研究生阶段的学习后不仅能够广开视野,强化理论基础,提高翻译技巧,丰富翻译方法,同时,这个过程对学习者的翻译科研能力也是一种锻炼和提升。另外,学习者的务实训练加强,其翻译能力和翻译技能也会得到强化锻炼。现实情况下,若学习者毕业后进入社会继续从事相关工作,在工作历练中也会带动行动研究能力的提升,变为学术研究型人才或应用职业型人才。

个体之间的差异性也不能忽略,翻译人才的个体差异对人才培养影响重大。人才并非工厂中的流水线产品,他们的品德、能力和知识量存在一定差异,人才属于个性化的个体,当然也存在共性。因此,不同人才类型之间没有绝对的界限。换言之,各种类型的人才通过自身努力可转变为其他类型的人才。如一般性翻译通才想要进步和成长,通过自身努力,结合兴趣爱好和特长等可成为其他类型的翻译人才。经验丰富的翻译人才通过钻研理论研究也可以成为学术性翻译人才中的佼佼者①。

大部分研究人员在本科翻译专业培养一般性翻译通才的观点与笔者一致。关于界定一般性翻译通才这个问题,复旦大学提出的"英汉双语翻译专业"培养目标为:学生需要掌握较强的英汉双语技能,涉猎广泛的知识领域,如文化、科技、政治、经济和金融等,能够独自完成外贸、外交的翻译活动或者是在新闻媒体部门、中国驻外机构以及独资合资企业担任口笔译工作等。这一目标涵盖多个层面,如职业技能、双语技能和其他领域知识,能够更为准确地展现通才教育的目的。对比翻译专业资格考试等级划分与这一目标发现,这一目标明显高于翻译专业资格考试的初级要求,更接近中级要求。这是因为翻译专业资格二级口笔译翻译要求译者具备一定的双语互译能力,掌握扎实的科学文化知识,可以独立完成具有一定难度的翻译工作。而三级口笔译翻译要求相当于外语专业翻译方向本科生或者是外语专业优秀毕业生,具体是译者需要掌握一般的双语互译能力、科学文化知识,可以独立完成一般性的翻译工作。根据《翻译专

---

① 穆雷,郑敏慧. 翻译专业本科教学大纲设计探索. 中国翻译,2006,27(05):3—7.

业职务试行条例》可知，三级口笔译通过者具备以下两项技能：一是负责一般性的笔译或口译工作，可以充分掌握和表述双方的语音、语义和语调；二是可以正确表达一般难度的文本，并且保证语法使用正确、字句通顺。凡是成功通过三级口笔译考试的译者都有资格担任助理翻译。二级口笔译通过者能够独自完成专业口笔译工作，保证语言的准确性和流畅性。凡是成功通过二级口笔译考试的译者都有资格担任翻译员，直接应聘。换言之，本科翻译专业在翻译人才培养上致力于打造高层次的专业人才，拥有翻译专业中级资格证书并独立完成口笔译工作。

基于以上论述内容，笔者从四个不同层面入手阐述本科翻译专业的培养目标是培养一般性应用复合型的翻译通才，包括知识、品德、能力、职业技能等，满足高素质复合型创新型翻译人才的需求。这种类型的人才需要掌握多领域的基础知识，包括艺术、文化、语言、政治、外贸、经济、金融、科技等，具备熟练的语言应用能力和外语转换能力、良好的心理素质、团队合作精神、思想道德素质和适应能力。能够担任各种语言文字交流工作，如教学研究、文化艺术、科技翻译、新闻出版、外交外贸、涉外企业等。翻译专业本科培养的翻译人才，要求知识面丰富，掌握多重技能，侧重的是应用能力，因此强调为应用复合型；而翻译专业学生需要适合一般性的语言文字翻译工作，因此强调的是通才。通常情况下，翻译人才需要符合国家人事部翻译专业中级资格要求，通过专业资格考试。由于翻译属于新兴专业，发展尚不成熟，还需要进行不断的实践摸索。因此，只能要求毕业生通过初级（三级）口笔译考试，无法保证所有毕业生都通过中级（二级）口笔译考试。毕业生可以负责一般性口笔译任务。翻译水平较高的优秀毕业生可在不断地经历实战训练后参加中级（二级）口笔译考试，考取翻译专业中级资格证书，独立胜任口笔译工作。由于各地区以及高校的要求、标准各不相同，因此翻译本科专业的培养目标也存在一定差异；高校可以根据实际情况结合当地特色发挥自身优势。

第二节　翻译人才的培养模式

教育界普遍认同模式的三个显著特点：目的性、可参照性和系统性。教育学家试图基于研究目的采取抽象化的手段探究教育思想和教育现象，将其转变为认知理论模式，从而有效解决实际教育问题。如培养翻译人才问题，如此便可以根据人才培养目标，基于特定教育教学理论指导系统性概括多样化的人才培养方式，并将其打造成可供翻译教育实践选择的模式，进一步扩充翻译专业建设理论。人才培养模式是实现从普遍教育到个别教育的桥梁，是理论转化为实践的重要媒介。高校和社会需要对不同模式培养出的人才进行检验，了解人才是否达到相应的培养目标。对此，笔者基于宏观层面对翻译本科专业人才培养模式进行阐述，其中宏观层面包含学校、培养方式、培养机构等。

一、学制影响下的翻译人才培养模式

翻译教育本身具有一定的复杂性，翻译过程同样如此，需要译者具备广泛的知识面和专业性技能。由于短时间内无法确保翻译人才培养的有效性，因此，实行四年本科教育是培养专业性翻译人才的重要途径，不仅可以帮助人才扎实理论基础，还可以通过实践与理论的结合提升翻译人才水平。除部分区域提出特殊要求外，笔者认为翻译人才培养的最佳途径是接受本科教育，不断学习和提升，从本科到博士，接受系统性的教育。当然，也包括获得翻译专业硕士学位。据了解，当前广东外语外贸大学为了进一步扩充翻译人才市场，开始实行翻译专业硕士培养。专门设立翻译硕士研修班、翻译硕士班、翻译博士研修班等，从这些培训班毕业的学生拥有同等水平的学历。对于翻译人才培养，各大高校可根据自身情况和市场需求酌情调整培养策略和招生方向。

二、培养机构影响下的翻译人才培养模式

综上可知,各大高校的翻译系和高级翻译学院负责人才培养,这种方式属于学院式人才培养。这是因为高校办学资源充足,办学经验丰富,师资力量雄厚,且具备良好的办学环境。但是,翻译具有较强的实践应用性,与市场关系密切。因此,笔者认为,高校可以和各个单位合作,学习理工科的办学经验,不仅可以吸引更多的翻译人才作为翻译教师,扩大师资力量,还可以为学生创造更多实战机会,培养其翻译知识应用和翻译实战能力,为学生打下扎实的翻译基础,以保证今后的工作就业更加顺畅。高校可参考的合作单位一般有外事单位、出版业、翻译公司以及旅游单位等。

三、不同方式下的翻译人才培养模式

现阶段,我国仅有三所高等院校建有本科翻译专业试点,且属于教育部正式审批院校,包括河北师范大学、广东外语外贸大学、复旦大学。但是,也有部分高校开始尝试从大学生中选择各类优秀人才进驻翻译系,以培养应用复合型人才。这些翻译人才培养目标大多为双语基础极为优秀的学生,一般为大学本科二年级或三年级的学生,对这些学生进行专业系统的培,训和教学,使其逐步成长成为合格的优秀翻译人才。而且,当前已有高校实行翻译方向本硕连读的新型人才培养模式,直接在学校的大一学生中选择培养目标,在其大二时期加强培养,包括母语和外语两种语言文化,然后在大三期间直接开展翻译专业课程学习。

不管实行的是何种方式,翻译人才都需要接受市场和社会的检验。杨自俭表示,翻译人才培养模式务必要讲究其开放性:第一,要具备广阔的知识面,保证基础扎实,这是因为翻译属于杂家。第二,凸显语言实践能力,基于听说读写进行强化,尤其是写的能力,包括中外两种语言写作训练,这是口笔译最需要的技能。传统教学中忽视了母语写作能力,当前应及时补救,提高重视度。第三,强化练习翻译的基本功,特别是以下三

点尤其要注意:一是坚持"文贵得体"的翻译训练目标;二是训练内容要按照不同文体要求开展;三是口笔译训练应开展多种变体形态练习,包括编译、摘译、全译等。对此,笔者表示,对于本科阶段的复合型翻译通才教育:一是要践行专才教育理念和通识教育理念,实现完整的人的培养,即培养学有专长、术有专攻、各方面均衡发展的全能型人才。其中,"通"指的是融会贯通,即保证培养的人才可以充分融合各学科的知识,实现不同文化领域的沟通。二是强调人才培养的阶段性。本科四年教育包括两个阶段:第一阶段,基础阶段,指本科一、二年级;第二阶段,高级阶段,指本科三、四年级。在基础阶段为学生开设有助于双语翻译基础能力培养的课程,夯实学生的双语语言能力、翻译基本功;高级阶段则是按照学生的兴趣爱好选择教学方向,这一过程属于自愿选择,学生自行选择未来要学习的方向,如语言、外贸、政治、经济、新闻、教育、科技以及文学等。为学生扩大课程范围,增加选修课,提供更多的实习机会;调动学生的学习热情,使学生增广见闻,从而提高知识的实用性和反思能力。不同学校、专业和个体由于存在一定差异,因此在语言能力和翻译能力培养、理论学习与实践的匹配、不同课程的设置比例上也大不相同。另外,当前翻译专业建设快速发展,将复合型人才培养经验作为参考,将翻译与其他专业进行融合,采取新型形式培养翻译人才,如"翻译+企管""翻译+经贸""翻译+文学""翻译+法律""翻译+语言"等。一般情况下,会让学生大一、大二期间选择选修课程,以便学生及时打好语言基础和专业基础。然后,在大三、大四时进一步强化;增强练习强度和扩大职业课程培训比重;从而为后续工作打好基础,满足社会需求。但是,大学本科毕竟不是专门培养译员的,更不是职业培训,培养的翻译人才未来可能从事翻译教学工作或者继续研究翻译理论,因此要强调通识教育,注重融合自然科学技术和人文社会科学,全面培养和锻炼学生的能力,包括创新能力、探究精神和学习能力等。这些人才培养的目的是负责今后的翻译专业建设工作、翻译教学和翻译研究,促进我国翻译事业快速发展。

第三节　翻译人才的多元化培养路径

一、外语翻译人才应具备的素质

　　合格的翻译者应当具备的素质包括：一是细致观察和理解"施语"，二是掌握"施语"背后的社会和文化知识，三是熟练运用"受语"和各种文体。掌握第一点相当于成为一个学者，掌握第二点相当于成为作家，而掌握第三点则是超过一般常识。关于"施语"原文涵盖的内容要保证其熟悉度，不能只是一个门外汉，而实现这一点就相当于成为一名学者①。保证翻译的通顺和忠实并不是一件简单的事情，若译者自身水平不足、业务素质不够的话，根本无法胜任这一职业。作为一名合格的翻译人员，需要具备的素质包括以下几点：

　　第一，译者的外语基础务必要扎实。尤其要具备两点：一是阅读理解能力；二是阅读鉴赏能力。想要提高外语阅读理解能力，应做到以下几点：(1)外语词汇量充足；尽可能不需要频繁查找字典；(2)熟练运用外语语法知识，保证语法正确无误；(3)阅读外语原著，扩展语言知识，增强外语语言的表达能力和感悟力，避免出现"汉语式外语"，徒增笑料。

　　第二，身为译者，需要具备良好的汉语基础，强化自身的汉语表达能力。翻译人员的汉语要求与一般汉语写作要求不同，这是因为翻译需要使用另一种语言表述原作者的思想感情。译者的译入语水平如何，主要是根据译者对原作特定内容和形式表述的变通能力和应急能力。例如，选择适合的词语、字眼和手法进行表述。另外，译者还需要对两种语言的标点使用、词汇、句法、语音和使用习惯等了然于心，从而保证翻译的正确性和规范性。

　　第三，译者自身要具备渊博的知识。翻译的作用是传播文化知识。

---

① 张莉.读许洲冲译作,浅谈译者素质[J].科技信息,2010(08):173+176.

尽管不需要翻译人员精通所有领域,但是起码要保证"译一行,钻一行,通一行"。首先,作为翻译人员,必须具备一项专门知识。比如,负责科技类翻译的译者需要了解一定的科学技术,通晓基本的科学知识;作为社科文章类别的翻译者,自身的文学素养也要有所保证。诸如此类等。实际上,各个学科之间并非独立存在,彼此之间属于相互交织、相互联系的关系。因此,译者除了本身的专业知识要扎实以外,对与专业相关的知识也要有所涉猎。如翻译医学文章的译者需要了解一定的医学知识、化学知识和生物知识以及心理学知识等;翻译哲学文章的译者需要掌握文史知识,有时还需要学习一些自然科学类的内容。又比如,专门负责外汉互译工作的译者需要学习的内容就更加多样,基本上可以称为"百科知识",不仅要了解自己国家的外交、军事、经济、文化、历史、地理、科技、传统习俗和民族心理等,还要对所学语种国家的这些领域有所涉猎。孙致礼曾说:"译者只有保证这种水平,才能真正做到得心应手,准确翻译,不会出现张冠李戴的乌龙事件。"

第四,译者在翻译过程中正确使用翻译策略。身为译者,需要钻研和探究,分析翻译原理。实际上,译者的翻译策略与译者本身的审美观、经历、学识和性格有关。比如,比较拘谨内向并且汉语表达能力弱的译者更倾向于使用字对字的直译;而生性自由且汉语基础好的译者可能更倾向于使用自由译法。大部分初学者在进行翻译时需要不断提高自身的翻译水平,选择适合的翻译策略,并且通过各种实践,掌握一定的翻译方法、技巧和规律。

第五,译者自身要具备严谨认真、谦虚负责的良好品质。翻译工作十分复杂,需要译者具备相当的耐心和细心,要付出更多的努力。在完成一篇文章翻译后,应秉承严谨负责的态度,认真核对原文,检查译文是否存在漏洞、翻译错误的地方,并且要对译文格式进行检查,确保其符合标准。检查不仅是对自己工作负责,同时是对译文读者负责。翻译工作者还要及时了解社会各领域的变化,坚定自身的原则与立场,但也要谦虚地向经验丰富的前辈和优秀的翻译者学习,取长补短,不断提升自身的翻译水平。

二、外语翻译人才培养的多样性

戴炜栋等表示,在外语人才培养上应坚持多样性原则,建立具有中国特色的新型外语教育体系[①]。换言之,外语人才培养需要结合我国经济、地域、教育之间的差异性,根据实际情况有根据地培养各种外语人才。对此观点,笔者深表赞同。现阶段我国社会发展离不开优秀的翻译人才,需要发挥应用型外语人才和学术型研究人才的作用,在推动我国翻译事业发展的同时,促进文化知识的交流。特别是在当前社会翻译人才出现较大缺口、翻译学科快速发展的背景下,人才培养计划中需要增加翻译人才培养的内容。翻译人才具有多样性和层次性的特点,社会语言学中的言语类别连续体衍生出连续体这一新概念。它是指一种语言被划分成不同社会方言和地区,但并未形成明确的界限,从一种方言变为另一种方言时就形成一个连续体,比如从专注于翻译理论研究的学术研究型人才到从事翻译实践的专职译员。将连续体概念与翻译人才界定相结合,体现出翻译人才多样性特点。如翻译人才或是见多识广的杂家,或擅长笔译、口译,或精于文献、科技翻译,或注重理论研究,或文学素养突出善于表达情感,或是擅长外译汉、汉译外等。这些翻译人才之间界限并不明确,是可以灵活变化的。如实践能力强变为理论实践兼顾,或者擅长某一领域变为多行业兼容等,通过这些就能够显现出翻译人才的层次性。

从宽泛层面上看,"翻译"的定义指的是"译者",从形式上看分为两种:笔译者和口译员。其中,口译员根据性质和内容又可以进行下一步细分,从性质上看包括同传译员和交传译员,从内容上看包括法庭口译、陪同口译、大会译员等。而且,笔译者可从事各领域翻译工作,如科技、文学、法律、经贸和外事等,这一点也可反映出翻译人才的多样性。在区分翻译教学和翻译培训时,也涉及翻译人才的层次性问题。对于不同阶段

① 戴炜栋.我国外语教育70年:传承与发展[J].外语界,2019(04):2—7.

翻译人才的教育教学,由于教学目标不同,教学要求也有所差异。运用到实践当中则是指本科阶段要打好扎实的语言基本功,提高翻译能力,巩固双语翻译基本知识,培养成为翻译通才。成为翻译通才后,继续接受研究生教育或者接受翻译职业培训等,最终成为专门人才,在某一领域发挥自己的作用。除了从事翻译工作外,还可以从事翻译理论工作,致力于翻译理论研究。这种渐次性的发展正是翻译人才层次性的体现。

三、翻译人才多元化培养路径

当前,我国实行"走出去"战略。在此背景下,翻译事业需要抓住时代机遇,坚持翻译人才多元化培养思维,积极改革创新,推动翻译事业发展。笔者有以下三点建议:

(一)政府层面

第一,强化非通用语种专业顶层设计。基于国家发展的角度,为了有效满足外交、军事、政治、经济等各方面的需求,政府应当根据所有与我国建交的国家培养相应的翻译人才,建立人才储备库。外交翻译人才的储备与我国国际地位和形象息息相关。对此,可以学习西方发达国家的做法,由教育部主导成立专门针对国家层面的专业顶层设计机构,了解不同类型非通用语种人才的实际需求,严格审批申报高校并审查培养质量。

第二,建立国内外高端翻译人才库。一方面,发挥国家相关部门的作用,与行业协会和高校联合建立相应的考核机制和遴选机制,建立高素质高水平的多语种国家翻译人才精英团队;另一方面,可以邀请国际知名的汉学家共同合作,一起建立我国政府专属的国际高端翻译人才库。同时,借助国家"一带一路"倡议,采用留学生输入或是师资输出的形式,让更多的国际友人了解汉语,储备翻译人才。

第三,建立健全所有相关法律机制,包括行业监督机制、译员准入机制、翻译资费标准等。

(二)培养院校层面

学校是人才培养的重点场所,需要得到更多的关注和重视。因此,学校教育要积极创新,改变传统观念,在人才培养上主张多元化特点。

首先,实行"译员预培养",即在高中阶段或是义务教育阶段为译员培养奠定基础。笔者建议:(1)学校根据自身条件开设译员培养班,选择对翻译感兴趣且具有一定潜力的学生加入。当前,西方国家已经出现了许多青少年译员。(2)政校合作,借助网络授课或是暑期授课形式培养对非通用语感兴趣的学生,或是语言天赋较好的学生。(3)提供一些优惠政策,主要针对的是通过终期考核的非通用语种学生,建立全阶段一体化人才培养格局,为这类学生提供更多的就业机会,同时丰富国家非通用语人才队伍。

其次,重点处理好翻译高等教育人才培养的几个重要问题:(1)国内翻译本科培养院校数量增长迅速,人才培养的质量监督不到位;(2)翻译硕士层面的专职教师队伍建设不足,课程建设水平较差,缺少足够的兼职教师队伍,专业知识匮乏,实践教学基地有待加强;(3)需要进一步完善人才培养体系,建立翻译博士专业学位。仲伟合综合分析了专项评估后表示,翻译专业院校未来发展应以下五点为标准:办学方向以国家发展战略为主;课程设置满足职业需求;人才培养注重实践能力提升;强化师资团队;注重质量保证体系[①]。

(三)行业协会层面

在信息化时代,人才需求量巨大,翻译行业当前需要进行改革。专业发展可直接影响行业发展,两者关系紧密。因此,翻译行业应与翻译专业人才培养相结合,参与人才培养过程,共同解决人才培养方式这一问题。1982年,中国翻译协会成立,这是我国翻译领域仅有的全国性社会团体。近几年,该协会在翻译人才团队打造上发挥重要作用,有效地推动了行业发展,培养了专业的翻译人才团队。笔者建议,协会可从业界资源整合入手,让各类翻译人才了解行业的殷切期望,推动翻译人才培养和行业需求的有机结合,从而提升我国文化核心竞争力。另外,协会应发挥自身的社

---

① 仲伟合,姚恺璇.从专项评估看翻译硕士专业学位教育的问题[J].东方翻译,2016(02):4-9.

会服务职能,借助多样化形式提高公众对翻译行业的认知度和关注度,如慕课、微课、小语种公开课等,通过创造各种学习途径,为有需求的学习者创造便利,为中华文化在国际上的传播奠定基础。

参考文献

[1]张季菁,秦勇.跨境电商与多语言服务创新型人才培养四川外国语大学学生创业案例集[M].北京:中国经济出版社,2018.

[2]郭艳玲.涉海翻译人才语言服务能力培养与人才库建设路径研究[M].长春:长春出版社,2022.

[3]朱珊.应急语言服务人才培养研究[M].北京:新华出版社,2023.

[4]刘俊玲,孙小孟.新文科背景下语言服务人才培养的创新实践研究[M].长沙:湖南大学出版社,2023.

[5]张琛.外语语言服务人才培养研究的艺术[M].长春:吉林美术出版社,2018.

[6]孔倩云,张旸.外语语言服务人才培养研究的艺术[M].长春:吉林美术出版社,2017.

[7]林竹梅.ESP语言认知研究[M].北京:对外经济贸易大学出版社,2017.

[8]蔡明山.地方高校应用型人才培养的研究与实践[M].上海:复旦大学出版社,2020.

[9]王立非."战疫"应急语言服务报告[M].北京:对外经济贸易大学出版社,2020.

[10]顾秀梅,胡金华.高职国际化人才培养环境生态重构研究[M].苏州:苏州大学出版社,2018.

[11]对外经济贸易大学信息学院.现代服务业人才培养探索与实践2017版[M].北京:对外经济贸易大学出版社,2017.

[12]王斌,丁熙生."两化"教学模式在应用型大学人才培养中的探究和实践[M].北京:北京理工大学出版社,2021.

[13]张法连.语言与法律研究 2020 年第 2 辑[M].北京:中国政法大学出版社,2020.

[14]吴亚男.新文科视域下翻译人才培养探究[M].长春:吉林人民出版社,2022.

[15]崔启亮.京津冀协同发展语言服务调查报告[M].北京:对外经济贸易大学出版社,2021.

[16]蒙启红,龙迎湘.中国国际商务法律人才培养研究[M].北京:中国商业出版社,2018.

[17]上海海洋大学经济管理学院.以培养创新型人才为己任[M].上海:同济大学出版社,2014.

[18]孙薇娜.语言经济学视域下语言服务人才培养研究[J].长春大学学报,2023(10):52-54,58.

[19]刘治国,李存珏.应用型高校应急语言服务人才培养探析[J].湖南大众传媒职业技术学院学报,2023(2):97-100.

[20]王燕,侯银臣,郝洪露.高校语言服务人才培养研究[J].文化创新比较研究,2020(6):83-84.

[21]陈怡静,池丽霞,张彩贞.应急语言服务人才培养策略分析[J].山西青年,2022(8):125-127.

[22]杨清文.基于湖南自贸区建设的高职小语种语言服务人才培养优化路径探析[J].新教育时代电子杂志(学生版),2023(42)16-19.

[23]韩银燕.创新创业视角下语言服务人才培养路径研究[J].创新创业理论研究与实践,2020(1):73-75.

[24]王丹.吉林省口岸需求视域下应用型高校语言服务人才培养模式研究[J].教育观察,2022(31):80-83.

[25]宁尧.基于亚马逊平台语言特征的跨境电商语言服务分析[J].科海故事博览,2022(27):64-66.

[26]魏笑梅.高校应急语言服务人才培养策略研究[J].教育观察,2022(19):88-90,97.

[27]李辉.浅谈语言服务与乡村振兴[J].广东蚕业,2019(1):25－26.

[28]孙杨,何山华.长三角地区民营养老机构语言服务调查研究[J].昆明学院学报,2023(2):27－36.

[29]屈哨兵.语言服务聚焦新时代[J].语言战略研究,2022(5):13.

[30]申霄.丝路核心区外语多语种语言服务及策略研究[J].外语研究,2023(4):99－104.